Wolfgang Koydl

Der Bart des Propheten

Haarige Geschichten aus Istanbul

Wolfgang Koydl

Der Bart des Propheten

Haarige Geschichten aus Istanbul

Picus Lesereisen

Picus Verlag Wien

4. Auflage 2009

Grafische Gestaltung: Dorothea Löcker, Wien
Umschlagabbildung: © Tourismusministerium
der Republik Türkei, Ankara
Druck und Verarbeitung: Remaprint, Wien
ISBN 978-3-85452-710-7

Informationen über das aktuelle Programm
des Picus Verlags und Veranstaltungen unter
www.picus.at

Inhalt

Ein Vorwort oder: Daheim schütteln sie nur noch den Kopf

Inzwischen hat sogar das Kopfschütteln ein wenig nachgelassen. Viele Freunde, Bekannte und Kollegen sind mittlerweile hier gewesen und haben sich mit eigenen Augen davon überzeugt: Ja, man kann in Istanbul leben, sehr gut sogar. Man muß auch nicht jeden Tag Kebab essen, und nur die wenigsten Männer rupfen an einer Gebetskette herum. Am Anfang hatte fast nur Unverständnis gestanden. Wie bitte? Wo wollt ihr hin? Nach Istanbul? Das ist doch in der Türkei? Seid ihr denn noch zu retten?

Schon komisch. Hat denn der Name Konstantinopel überhaupt keinen Klang? Glorreiche, glänzende Hauptstadt zweier Kaiserreiche, Beherrscherin des Erdkreises, Erbin Roms und der Kalifen, Schnittpunkt der Welten und der Meere? Naja, vielleicht. Aber heute heißt die Stadt Istanbul, und da stellen sich die meisten Deutschen eine Art Kreuzberg mit 15 Millionen Einwohnern vor: Ein Dönerbrater neben dem anderen, dazwischen Import-Export-Läden, Moscheen, krakeelende Musik, und lauter Türken – die Männer mit Mütze, die Frauen im Kopftuch. Früher einmal fuhr man wegen der Exotik dorthin, aber auch nur vorübergehend, als Tourist. Heute, da Harald Schmidt allabendlich *Lahmacun* und Ibrahim Tatlıses im Munde führt und »TRT int« im Fernsehen gleich neben ARTE liegt, braucht man nicht einmal mehr zu verreisen.

Ich weiß bis heute nicht genau, ob ich über diese Vorurteile, diese Klischees traurig oder glücklich sein soll. Glücklich, weil sowieso schon viel zu viele Touristen in diese in die Jahre gekommene, aber immer noch bezaubernde Stadt kommen. Sollen doch wenigstens diese neunmalklugen Besserwisser zu Hause bleiben! Andererseits stimmt es schon traurig, weil das Vorurteil ja durchgängig falsch ist. Auch wenn man – als ebenfalls in die Jahre gekommener – Journalist schon lange den Versuch zurückgestellt haben mag, die ganze Welt verbessern zu wollen, so möchte man doch ab und zu den einen oder anderen Bekannten oder gar Leser eines Besseren belehren.

Wahrscheinlich gibt es über Istanbul mehr falsche Vorstellungen als über andere Metropolen. Man muß gar nicht lange suchen. Es fängt bei Banalitäten wie beim Wetter an, und bei der eigenen Person. Als wir an einem Tag Ende März an den Bosporus aufbrachen, da geschah dies frierend und unter Flüchen. Denn in München hatte es die letzten Tage abwechselnd geregnet und geschneit, die warmen Wintersachen jedoch waren bereits von der Spedition verpackt worden. Macht nichts, trösteten wir uns. Wir fahren ja in den Süden. Doch Istanbul empfing uns mit eisigem Regen und schneidendem Wind. Heute wissen wir, wie unfreundlich das Wetter hier sein kann, und daß der Winter eigentlich erst im Mai wirklich vorbei ist. Eigentlich eher so wie in Moskau. So viel zum sonnigen Süden.

Vielleicht liegt es ja daran, daß Istanbul in der Vorstellung immer weiter entfernt zu sein scheint, als es auf der Landkarte der Fall ist. Das gilt nicht nur für Mitteleuropäer, die spätestens seit Goethe einen falschen Eindruck von »hinten, weit in der Türkei« haben. Das gilt vor allem und ganz besonders für Griechen. Hier passiert es mir jedesmal nach der Ankunft am Athener Flughafen, daß der Taxifahrer – nachdem er erfahren hat, woher ich gekommen bin – mit geheucheltem Mitgefühl sagt: »Ah, das muß aber ein langer Flug gewesen sein.« Wenn er dann erfährt, daß es kaum mehr als 50 Minuten waren, dreht er sich entrüstet um – was im meist stehenden Athener Verkehr jederzeit gefahrlos möglich ist – und blickt mich vorwurfsvoll an: Man solle keine Scherze mit ihm machen, die Türken seien schließlich so fremd, da kann ihre größte Stadt doch nicht gleich um die Ecke liegen.

Auf dem ganzen Balkan, den Istanbul jahrhundertelang beherrscht hat, ist die Reaktion ähnlich. Man ist zwar über die Existenz dieser Stadt informiert, aber wenn man über sie spricht, dann deutet man bezeichnenderweise mit dem Daumen über die Schulter: Istanbul liegt irgendwo da hinten. Vorne aber liegt Europa, und dorthin blicken Bulgaren, Rumänen oder Serben. Diese Geringschätzung entspringt einer Mischung aus großer Vertrautheit und schlechtem Gewissen. Denn die Balkanvölker wissen schließlich ganz genau, daß sie mit dieser Stadt immer verbunden sein werden. Ein Blick in jeden Stadtführer von Istanbul beweist es: Da gibt es den Belgrad-Wald und das

Albanerdorf, da gibt es Neu-Bosnien und die alte bulgarische Kirche am Goldenen Horn, die wie eine Zuckertorte aussieht; und schließlich gibt es noch den griechisch-ökumenischen Patriarchen und die Fernstraße »E 5«, über die der Handel zwischen dem Balkan und der alten Hauptstadt verläuft.

Wie aber lebt es sich in dieser Stadt? Wie überall auf der Welt: Gut, wenn man Geld hat und eine schöne Wohnung, zu der in Istanbul ein »Blick« gehört – sei es auf den Bosporus, auf das Goldene Horn, den Topkapi-Palast oder – im Idealfall – auf alle drei Sehenswürdigkeiten zusammen. Geschichte, Landschaft und wirtschaftliche Bedeutung haben aus Istanbul für Ausländer eine der teuersten Städte der Welt gemacht. Mieten für eine mittelgroße Wohnung mit Bosporus-Blick beginnen bei 4000 Dollar – im Monat. Dafür trifft man – so gewünscht – Vertreter des internationalen Kapitals, von Mitsubishi über Melitta bis Mattel. Und dafür lebt man in einer Umgebung, die unglückliche Kollegen aus Ankara, der häßlichen Stiefschwester, als »ewige Sommerfrische« bezeichnen. Das stimmt, wenn man von den lausigen Wintermonaten absieht.

Aber auch für diejenigen, die nichts mehr haben als ihre Hoffnung, ist Istanbul ein Magnet. Jedes Jahr wächst die Stadt um eine halbe Million Menschen, die aus den Dörfern und Kleinstädten Anatoliens in die Millionen-Metropole ziehen. Daheim würden sie verhungern, doch in der Großstadt finden sie immer irgendeine Möglichkeit, sich ihren Lebensunterhalt zu verdienen: Ob als Taxifahrer, Verkäufer, Schuhputzer, oder Kellner – die alte Dame am Bosporus hat noch niemanden vor die Hunde gehen lassen, wenn es sich irgendwie einrichten ließ. Viel ist darüber geschrieben worden, wie diese Zuwanderer den Charakter der Stadt verändern, wie sie Istanbul »anatolisieren«, in ein überdimensioniertes Dorf verwandeln. Das stimmt für die erste Generation, die zum Teil noch ihre Schafe und Ziegen hineintreibt in die fremde Stadt. Doch schon die Söhne und spätestens die Enkel sind stolze Bürger dieser alten Stadt geworden.

Alle klagen, wie sehr Istanbul in alle Richtungen ausufert. Das stimmt. Buchstäblich jede Nacht kommt eine neue Siedlung dazu – teils legal, teils halb-legal, teils illegal. Immerhin sind natürliche Grenzen vorgegeben: Das Marmarameer im Süden, das Schwarze Meer im Norden, der Bosporus. Zyniker, von denen man nicht genau weiß, ob sie in Wirklichkeit nicht Realisten sind, rechnen mittlerweile die bulgarisch-türkische Staatsgrenze und die Dardanellen mit dazu.

Aber was heißt hier schon groß. Groß war die Stadt seit ihrer Gründung, als die Hofschranzen des großen Konstantin die Hände rangen ob ihres Herrschers. Der hatte es sich in den Kopf gesetzt, die Außengrenzen seiner künftigen Hauptstadt zu Fuß selbst abzuschreiten. Als er dann überhaupt nicht mehr innehalten wollte, gab er dem besorgten Hofstaat zu verstehen, daß er in die Fußstapfen eines Größeren trete, der vor ihm gehe. Groß, überbevölkert, stinkend und verschmutzt war die Stadt auch schon, bevor die Türken sie unter Sultan Fatih Mehmet eroberten: Die byzantinischen Kaiser verlegten ihren Palast nach Norden nach Blachernae, weil die Luft neben Hagia Sophia und Hippodrom nicht mehr zu ertragen war.

Groß mag die Stadt sein, aber wie in allen anscheinend so unübersichtlichen Metropolen der Welt, zählt letztlich nur das Viertel, das »quartier« oder die *mahalle,* wie die Türken sagen. Sie bietet Geborgenheit und Vertrautheit in der anonymen Megastadt. Hier kommen auch die Gastfreundschaft, die Herzlichkeit und die Freundlichkeit vor allem gegenüber Fremden zur Geltung. Vielleicht sind das anatolische Eigenschaften, die von den Bauern hierhergebracht wurden; aber sie stehen der alten Stadt recht gut zu Gesicht.

Die Stadt ein Dorf, das Dorf eine Stadt: Das wird besonders am Morgen deutlich, wenn die *mahalle* erwacht. Levent, der Gemüsehändler, wuchtet den Rolladen hoch, sprengt den Bürgersteig wie jeden Tag bis in die letzten Ecken mit einem Gartenschlauch ab; am Kiosk wachsen die Stapel von *Hürriyet, Milliyet* und *Cumhuriyet* in die Höhe; Ali, der Blumenhändler, klettert beladen mit seiner Ware schwerfällig aus dem Minibus und baut seine Rosen, Nelken und Gladiolen neben der Haltestelle auf; in seiner Teestube setzt Osman Bey den ersten Kessel des Tages auf das Feuer, und beim Bäcker gegenüber liefert der Bursche die erste Ladung heißer, duftender Laibe aus. Drinnen im Laden haben sich wie jeden Morgen die alten Herren versammelt, die es schon früh aus dem Bett getrieben hat. Genießerisch kosten sie Törtchen und pikante Pizza-Kekse, derweil Ufuk, der Schuhputzer, Schlappen verteilt und das Schuhwerk einsammelt. Osman Bey hat Tee heruntergeschickt, und mit einem Schwätzchen kann ein neuer Tag beginnen in der anderthalb Jahrtausende alten Geschichte dieser Stadt.

Das Gewicht der Welt

Die Hürden des türkischen Zolls

Eigentlich wäre alles mehr oder minder normal gelaufen, wenn nur nicht die Sache mit dem Gewicht gewesen wäre. Man ist ja einiges gewohnt von den Zollbehörden dieser Welt. Der selige sowjetische Zoll etwa verlangte seinerzeit von jedem eingeführten Buch säuberlich aufgelistet Titel, Autor, Verlag und Erscheinungsjahr. Die Frage nach der Farbe des Einbands muß irgendwann einer kühnen Perestroika-Reform geopfert worden sein. Oder der ägyptische Zoll. Der fiel – hieroglyphengläubig – sogleich in Mumienstarre, wenn in einem Namen auch nur ein Buchstabe fehlte.

Aber die Sache mit dem Gewicht kam dann doch überraschend. Sicher, vom türkischen Zoll hatte man als Connaisseur des Zöllnerwesens einiges erwartet. Er ist schließlich eine alte Behörde mit einer großen Tradition, irgendwo angesiedelt zwischen den Tributeintreibern der Goldenen Horde und den Zollinspektoren des Byzantinischen Reiches. Von neumodischen Veränderungen wie der Zollunion mit dem Brüsseler Staatenverbund ist er noch nicht angesteckt, nein, er ganz bestimmt nicht. Und wer heute auf Dauer nach Istanbul will, der muß sein Hab und Gut, den Laptop und die Leselampe erst über die Hürde des *gümrük*, des Zolls schaffen.

Auf Dauer nach Istanbul? Wie, da wollen Sie für länger hin? Deutsche Menschen, die einen Umzug nach Neufundland oder Nairobi achselzuckend als mehr oder weniger alltäglich quittieren würden, haben offensichtlich ein Problem mit der Türkei. Da geht man nicht hin, schon gar nicht auf Dauer. Da kommen höchstens andere Menschen her, und zwar auf Dauer, und das ist schon schlimm genug. Aber ein Deutscher, gleichsam als Gastarbeiter am Bosporus, bei den Türken? »Fühlen Sie sich wohl dort? Wirklich? Und auch die Familie?« Nett sind sie ja schon, die Türken, man kennt sie als Nachbarn, Geschäftsleute, Arbeitskollegen oder vom Urlaub in Antalya. Schon in Ordnung, solange sie keine Autobahnen blockieren. Aber das sind ja die Kurden, nicht wahr? Aber unter Türken leben?

Der deutsche Blick. Indes, rasch reift die Erkenntnis, daß die in Deutschland gesammelten türkischen Erfahrungen in Istanbul nicht weiterhelfen. Erstens: Wer hier Deutsch spricht, war meist nicht bei MAN am Band, sondern in Marburg an der Uni. Folglich beherrscht er nicht nur die Konjugation und die Höflichkeitsform, sondern auch – im Gegensatz zu den meisten Deutschen -- den deutschen Konjunktiv. Zweitens: Von den Deutsch-Türken will man in der Türkei selbst nicht allzu viel hören. Man hält sie für grobe Hinterwäldler, die in Deutschland Geld, aber keine Manieren erworben haben. Drittens: Die türkische Küche ist eigentlich nicht schlecht, solange man sich vom Döner fernhält, einer eher deutschen Spezialität, die in Touristengegenden auf der

Speisekarte gleich neben dem *Viner shinitsel* auftaucht.

Gleichwohl: Der deutschsprachige Hintergrund ist überall präsent. Der Kinderarzt war auf der österreichischen Schule in Istanbul, die Apothekerin hat noch eine Wohnung in Schwabing, der alte Herr im »Ford 17M«, Typ Badewanne, hat in Berlin Maschinenbau studiert, und auch der massige Kebabbrater braucht nur einen Augenblick, um die Nationalität des Gastes zu erraten: »Du deutsch? Ich drei Jahre Spandau« – womit keine Haftstrafe gemeint ist. Und wenn der Gemüsehändler bei der Frage nach dem Preis wieder einmal ein unverständliches *altiyüzellibeşbin* hervorgestoßen hat, räuspert sich bestimmt hinter den Melonen eine Stimme und übersetzt: »Sechshundertfünfundfünfzigtausend«.

Doch beim Zoll hört das Deutschtum auf. Er fragt nach dem Gewicht, und er tut es auf türkisch. Detailliert heischt er um Auskunft nach dem Umzugsgut. Bücher und Betten, Töpfe und Teller, Sessel und Spielzeug dürfen gnädigerweise pauschal angegeben werden. Aber alles, was ein Kabel und einen Stecker besitzt, erregt die professionelle Neugier des *gümrük.* Auf Elektrogeräte wird ein hoher Importzoll erhoben, denn es könnte ja sein, daß der Fremde seinen Kühlschrank unter der Hand an einen türkischen Staatsbürger verkauft und so nebenbei die türkische Republik wertvoller Devisen beraubt. Gelb sind die Formulare, damit ein Fehler nicht mit Tipp-Ex vertuscht werden kann, auf türkisch müssen sie ausgefüllt werden, und mit Schreibmaschine. Die Zahl der

Durchschläge ist nach oben offen wie die Richterskala.

Den Trick mit der Schreibmaschine beherrschen sie auch bei der Ausländerpolizei, wo es die Aufenthaltsgenehmigung gibt. In neunfacher Ausfertigung soll das Formular ausgefüllt werden, neun Stück pro Familienmitglied, mit jeweils neun Paßphotos. Eines davon wird in ein mächtiges Buch geklebt, das wahrscheinlich so aussieht wie der Foliant, den der liebe Gott beim Jüngsten Gericht vor sich haben wird. Die Formulare erhält man bei der Ausländerpolizei, zusammen eben mit der Auskunft, daß sie nur mit der Schreibmaschine ausgefüllt werden dürfen. Weil selbst Journalisten selten mit einer Schreibmaschine unter dem Arm einen Behördengang antreten, steht der Antragssteller zunächst ratlos mit seinem Kugelschreiber am Schalter. Nach Hause gehen, tippen (wo überhaupt, im Zeitalter der Laptops und Drucker?), am nächsten Tag wiederkommen?

Doch all das ist völlig unnötig, dank der türkischen Dienstleistungsgesellschaft. Gleich gegenüber vom Hinterausgang der Ausländerpolizei, in der Einfahrt zu einer Tiefgarage, befindet sich das Kontor des Schreibers. Früher half er Analphabeten, heute allen, die ohne Schreibmaschine oder Drucker den Weg zur Behörde angetreten haben. Sein Büro ist klein und mobil: Auf einer Obstkiste sitzt er, auf der anderen steht sein Arbeitsgerät, eine Olympia Traveller Deluxe mit mehrmals gewendetem Farbband. Umgerechnet drei Mark berechnet er pro Formular in neunfacher Ausfertigung. Für diesen günstigen Preis läßt sich auch in

Kauf nehmen, daß man ihm die Eintragungen Buchstabe für Buchstabe diktieren muß.

Aber er weiß auch nicht, wieviel ein Kühlschrank wiegt. Sicher mehr als ein Modem, aber wer weiß das schon genau. Auch der Notar kann dabei nicht helfen, obwohl der in der Türkei in jeder Lebenslage beschäftigt wird. In Deutschland begegnen viele Menschen in ihrem ganzen Leben niemals einem Notar. Wenn sie dann vielleicht doch ein Testament beglaubigen lassen wollen, betreten sie ehrfurchtsvoll sein edelholzgetäfeltes Büro in bester Innenstadtlage und nehmen auf der äußersten Kante einer schwellenden Ledergarnitur Platz.

Nicht so beim *noter*, dem türkischen Kollegen. Sein Kontor befindet sich entweder im Souterrain oder an einer Straßenecke. Die Wände sind nicht getäfelt, sondern höchstens tapeziert, und aus Leder ist bestenfalls der Gürtel, der die Hose des *noter* zusammenhält. Er selbst hat sich meist in einen Nebenraum zurückgezogen, durch dessen Glasscheiben er seine Kohorten von Schreiberlingen kontrolliert. An klitzekleinen Bildschirmen erstellen sie wie am Fließband standardisierte Beglaubigungen, Vollmachten und Bestätigungen, die ein Türke nach erstem Augenschein offensichtlich zweimal jede Woche braucht. Der Notar selbst unterschreibt nur und kassiert.

Besonders besorgt ist der Notar um den Ausländer. Auch er braucht Vollmachten und Beglaubigungen, aber versteht er denn auch, was er unterschreiben soll? Versucht nicht ein übelwollender türkischer Landsmann, den Fremden zu betrügen? Kurzum, wer nicht türkisch kann, für den wird umgehend ein Übersetzer bestellt. Gewiß, auch seine Fremdsprachenkenntnisse sind nicht immer ausgereift. Manchmal beschränken sie sich auf die Information: »Hier Formular, da Unterschrift, ist Vollmacht.« Recht hat er, und wo sonst sollten schlechte Dolmetscher ihren Lebensunterhalt verdienen? Leben in Deutschland Ärzte und Apotheker einträglich unter einem Dach, so sind es in der Türkei *noter* und *tercüman*.

Indes, für das Gewicht des Umzuggutes sind auch sie nicht zuständig. Eher schon Hamit Bey. Er heißt zwar nicht so, aber im vorliegenden Fall macht dies keinen großen Unterschied. Er ist ein kleiner Bürokrat, aber weil er einen großen Stempel führen darf, sollte man seine Ratschläge ernst nehmen. Er kennt zwar nicht die Antwort auf die Frage nach dem Gewicht des Kühlschranks, der Waschmaschine, des Modems, des Fernsehapparates, die alle, alle zur Zeit irgendwo zwischen Igumenitsa und Edirne unterwegs sind. Aber er weiß Rat. »Sie kennen doch die Herstellerfirma? Rufen Sie an und fragen Sie. Die müssen doch wissen, wie schwer ihre Kühlschränke sind.«

Das politische Bekenntnis unter der Nase

Was Bärte noch über Männer aussagen

Gemeinhin gilt der türkische Mann – wenn er nicht gerade von der Schwarzmeer-Küste mit ihrem aufbrausenden Wetter und ihren aufbrausenden Menschen kommt – als außerordentlich geduldig. Er muß schon bis aufs Blut gereizt werden, bis er versucht, seinen Argumenten mit Fäusten Nachdruck zu verleihen. Ähnliches gilt für türkische Parlamentsabgeordnete, sind sie doch nichts anderes als Vertreter ihre Wähler. Wenn es um banale Sachfragen geht, verhalten sie sich lange mucksmäuschenstill; doch wenn Prinzipien auf dem Spiel stehen – wie etwa die Höhe der Ablösungssumme für den Wechsel zu einer anderen Partei –, dann tun sie es der Basis im Wahlkreis gleich und verstehen sich prächtig auf Bodychecks, Rempler und Haken.

Bilder von solchen Prügeleien im Plenarsaal gehen dann um die Welt, aber sie vermitteln ein schiefes Bild von der Türkischen Großen Nationalversammlung. Das Parlament hat nämlich durchaus einen Kodex strenger Regeln, der eigentlich auch Handgreiflichkeiten untersagt. Einige der bedeutenderen Vorschriften befassen sich allerdings mit der ordnungsgemäßen Bekleidung der Volksvertreter. Frauen etwa müssen ihr Haar offen, ohne Kopftuch tragen; Männer hingegen dürfen nicht ohne Krawatte im Plenum erscheinen. Islamistenchef Necmettin Erbakan geht hier mit buchstäblich leuchtendem Beispiel voran. An seinen grellen, großgemusterten Versace-Schlipsen erkennt man ihn sogar im dichtesten Handgemenge.

Daß mit diesen Vorschriften nicht zu scherzen ist, erfuhr einst der Abgeordnete Ahmet Doğan. Er wurde ohne Krawatte ertappt und prompt des Hohen Hauses verwiesen. Die Ironie an der Geschichte ist, daß Doğan schon monatelang ohne Binder an den Debatten teilgenommen hatte, ohne daß dies irgendjemandem aufgefallen wäre. Denn Doğan trägt einen brustlangen Vollbart, unter dem sich manches verstecken läßt – so auch eine krawattenlose Hemdenbrust.

Das einzige, was Doğans Bart nicht verhüllt, ist die politische Überzeugung des Trägers. Mit Haaren ist es ihm ins Gesicht geschrieben: Ahmet Doğan ist Islamist, und zwar einer von der radikaleren Sorte. Als Faustregel gilt: Je länger der Bart, desto religiöser der Träger – beim Barte des Propheten. Jeder Zentimeter bringt den Mann den Freuden des Paradieses einen Schritt näher. Apropos Prophet: Ein paar Barthaare Mohammeds werden schließlich nicht umsonst in Istanbul aufbewahrt, im Reliquienschrein des Topkapı-Palastes.

Männer in Europa oder Amerika haben viele Gründe, sich Bärte wachsen zu lassen. Sie sind entweder eitel oder sie sind zu faul zum Rasieren. Sie wollen entweder so aussehen wie Wolfgang Thierse (unwahrscheinlich), oder nicht so aussehen wie Guido Westerwelle und Rudolf

Scharping (wahrscheinlicher); andere wiederum müssen Hasenscharten, Pickel oder Mitesser verstecken. Der türkische Mann hingegen hat meist nur einen Grund: Sein Bart ist ein politisches Bekenntnis – unübersehbar und manchmal auch lebensgefährlich. In den späten siebziger Jahren, als Rechte und Linke in der Türkei einen blutigen Bürgerkrieg ausfochten, kam die falsche Barttracht am falschen Ort einem Todesurteil gleich. Dennoch hätte niemand – ein Mann, ein Bart – auch nur im Traum an eine Rasur gedacht.

Der Vollbart also – ob drei Tage alt, fashionabel kurz gestutzt oder traditionell lang – ist das Attribut der Islamisten. Sie eifern damit seiner Majestät dem Sultan nach, dem Führer der Gläubigen und Schatten Allahs auf Erden. Alle osmanischen Herrscher mußten sich spätestens nach ihrer Thronbesteigung einen Vollbart wachsen lassen, so verlangte es die Tradition. Nur Yavuz Sultan Selim im 16. Jahrhundert hielt an seinem *pala bıyık* fest, einem mächtigen Schnurrbart, der an die Krummschwerter der Janitscharen erinnerte und viel später in einer arg kastrierten Form von Kaiser Wilhelm Zwo wieder aufgegriffen wurde. Der Padischah indes, so raunte man sich damals zu, könne jeweils zwei Männer an jeder Bartspitze aufhängen. Vielleicht ganz gut, daß niemand den letzten deutschen Kaiser zu einem Wettbewerb herausgefordert hat.

Den Vollbart der Frommen erkennt man daran, daß er sorgfältig gestutzt und gepflegt ist. Das gilt auch für seinen kleineren Bruder, den islamischen Schnurrbart. Er wird vorzugsweise von jenen Kadern der Islamisten-Partei getragen, die als moderates Aushängeschild für den säkularen Westen herhalten müssen. Üppig und buschig mag – und soll – dieser Schnauzer sein; doch zwischen Bart und Oberlippe muß ein schmaler Streifen rosiger Haut freibleiben.

Darin unterscheidet sich dieser sogenannte *gül bıyık,* der »Rosenbart«, von dem wuchernden Wildwuchs, der den Linksintellektuellen in der Türkei wächst. Sie lassen, jeder Zoll ein widerborstiger Revolutionär, weder Schere noch Klinge an ihr bestes Stück. Vereinfacht läßt sich sagen: Je mehr vom Mund der Schnurrbart bedeckt, desto linker und radikaler sind die politischen Anschauungen seines Trägers. Ein Blick ins Gesicht des kurdischen Rebellenführers Abdullah »Apo« Öcalan zeigt, was gemeint ist: Dieser Mann geht niemandem um den Bart. Nicht umsonst heißt diese Barttracht *püskürtme bıyık,* was soviel bedeutet wie den »Feind in alle Winde zerstreuen«.

Nichts anderes planen auch Öcalans erbittertste Gegner: Erz-Nationalisten, die unter dem Namen »Graue Wölfe« oder »Idealisten« bekannt sind. Da ihre politischen Ansichten irgendwo rechts von denen Dschingis Khans angesiedelt sind, ist es nur legitim, daß sich auch ihre Barttracht an jener der mongolischen Reiterhorden orientiert. Die Schnurrbartspitzen wandern nach unten auf das Kinn zu. Auch hier gilt: Je weiter der Bart herabgezogen wird, desto extremer ist sein Besitzer.

In einem Land, in dem Bärte Bände sprechen, ist auch das glattrasierte Gesicht nicht ohne Bedeutung. Wer sich rasiert, der bekennt sich brav und bieder zu Laizismus und Republik, zur westlichen und weltlichen Staats- und Lebensform. In den Streitkräften etwa, den Gralshütern republikanischer Werte, brauchen Offiziere eine (selten erteilte) Sondergenehmigung, wenn sie sich einen Bart stehen lassen wollen. Das Vorbild aller glattrasierten Türken ist Mustafa Kemal Atatürk, der nicht nur die moderne türkische Republik gründete, sondern bei dieser Gelegenheit auch seinen Schnurrbart (jungtürkisch-national) über die Klinge springen ließ. Genau betrachtet ist es überraschend, daß Atatürk, der dem türkischen Mann das Tragen des Fes gesetzlich untersagte, nicht auch gleich die Bärte verbot.

Gleichwohl tun es heute mehr und mehr Türken dem Staatsgründer gleich und legen Hand an ihre haarige Manneszier. Ein Istanbuler Marktforschungsunternehmen hat herausgefunden, daß die Zahl der Bärtigen im Land rapide abnimmt – mit ständig fallender Tendenz. Vor allem in der Jugend und in der Geschäftswelt gilt ein Bart mittlerweile als uncool und altmodisch. Aber auch jüngere Politiker erkennt man schon von weitem am Duft des Aftershave, das sie umhüllt. Dafür sorgte auch die Spitzenpolitikerin Tansu Çiller, die nach Angaben von Vertrauten ihre Haare eher auf den Zähnen trägt. Nachdem sie zur Parteichefin gewählt worden war, setzte sie den Männern in ihrer Fraktion das Rasiermesser an die Kehle: Die Bärte fielen reihenweise.

Doch auch für die Bartmode gilt, kein Trend ohne Gegentrend. Künstler und Kolumnisten setzen neue Maßstäbe mit phantasievollen Kreationen, wie es sie in der türkischen Geschichte noch nie gegeben hat. Der Karikaturist Cem Yılmaz etwa hat schon Routine darin, seinen an Napoleon III. erinnernden, gezwirbelten Schnurr- und Spitzbart zu erklären, der in kein Schema paßt. Dasselbe trifft auf den Kinnbart des Zeitungs- und Fernsehkommentators Mehmet Ali Birand zu. Vielleicht deshalb schimpfte ihn ein angesehener Mediziner unlängst einen »Lügenbart«.

Der Doktor hat schon recht: In der neuen Zeit weiß man nicht mehr, woran man mit seinem Gegenüber ist. Er selbst rasiert sich übrigens zweimal am Tag – aus zwei Gründen: ein starker Bartwuchs und ein starkes Bekenntnis zur Republik.

Nomadentum und Großstadtchaos

Die Kunst, in Istanbul ein Auto zu lenken

Bekanntlich ist der Orient – zu dem wir großzügig Istanbul rechnen wollen – ein Land der Wunder. Hier verbergen sich Geister in Flaschen oder Öl-Lampen, es gibt mysteriöse Zauberworte, die Schatzkammern öffnen oder Teppiche fliegen lassen. Mit anderen Worten: In einem Land, in dem ein Teppich Gegenstand der Luftsicherung ist, kann auch ein Flugzeug am Straßenverkehr teilnehmen.

In Istanbul hat sich das tatsächlich ereignet, als eine Boeing der ägyptischen Fluggesellschaft »Egyptair« über die Landebahn hinausschoß und mit einer der allgegenwärtigen gelben Taxen kollidierte. Der Taxifahrer konnte nicht sagen, er sei nicht gewarnt gewesen. Mehrmals hatte sein Fahrgast »Achtung, ein Flugzeug« gerufen, aber der Fahrer hatte nach oben geblickt. Wahrscheinlich war er kein Orientale, oder zumindest schon sehr vom rationalen Denken des Westens geprägt, sonst hätte er vermutlich richtig reagiert und in den Rückspiegel geblickt. Gottlob kamen die Insassen beider Verkehrsmittel mit dem Schrecken oder mit leichten Blessuren davon.

Ob Orient oder nicht: Ein Zusammenstoß zwischen Taxi und Flugzeug ist auch in Istanbul eine Ausnahme. Ansonsten sollte man sich als Verkehrsteilnehmer am Bosporus jedoch auf Überraschungen gefaßt machen. Denn die Türken haben eine entspannteres Verhältnis zum Straßenverkehr als Mitteleuropäer. Als altes Nomadenvolk tragen sie offensichtlich noch die Erinnerung an die weiten Steppen Zentralasiens in ihren Genen. Aber weil einerseits ein PKW schneller ist als ein Pferd, und andererseits Istanbuls Gassen nicht dasselbe Tempo zulassen wie die Wüste Karakum, ergibt sich ein Mißverhältnis zwischen Gen und Gegenwart.

Grundsätzlich scheint zu gelten: Blicke nie zurück. Deutsche Fahrlehrer trichtern ihren Schülern ein, stets wie ein Leuchtfeuer einen 360-Grad-Horizont im Auge zu behalten. Abgesehen davon, daß dies auf Dauer zu Haltungsschäden führt, fördert es auch ein allgemeines Mißtrauen gegenüber jedem anderen Verkehrsteilnehmer, und sei er noch so fern. Außerdem passieren genauso die meisten Unfälle, kontern die türkischen Fahrlehrerkollegen. Denn der Blick des Fahrers muß immer nach vorne, auf die Straße gerichtet sein.

Tatsächlich hat wohl noch kein türkischer Autofahrer in den Rückspiegel gesehen, außer, um sich den Lidschatten nachzuziehen oder den Schnurrbart zu zwirbeln. Rückspiegel sind eher überflüssig, weil von hinten nahende Autos sowieso hupend auf sich aufmerksam machen. Und Außenspiegel sind überhaupt ein Ärgernis, verbreitern sie doch das Fahrzeug um einige entscheidende Zentimeter. Das stört vor allem dann, wenn man versucht, eine knapp drei Badetücher schmale Gasse zu durchfahren, die das Gefälle einer Ski-Sprungschanze besitzt und auf beiden Seiten beparkt ist.

Einzig unverzichtbar ist der Innenspiegel. Wo sonst sollte man die blauen Glasaugen befestigen, die den bösen Blick bannen? Ihn fürchtet man fast noch mehr als die Verkehrspolizei. Vor dem bösen Blick schützen diverse Amulette, und Lastwagenfahrer – die sich nicht ohne Grund als besonders gefährdet betrachten – malen außerdem in großen Lettern die religiösen Beschwörungsformeln *Allah korusun* (Gott beschütze) oder *Maşallah* (Gott behüte) auf die Fahrerkabine. Die Istanbuler Legende weiß von einem Deutschen, der *Maşallah* für den Namen einer Speditionsfirma hielt. »Irre, wie viele Laster die laufen haben!«

Vor der Verkehrspolizei schützen weder Glasaugen noch Koransprüche. Hier hilft eher Atatürk, genauer gesagt: Lira-Noten, auf denen sein Porträt prangt. Die Polizisten sind schlecht bezahlt, können sich selbst kein Auto leisten, und sind daher naturgemäß dauerhaft schlecht gelaunt. Und wenn man denn ohnehin eine Strafe zahlen muß, dann gibt man sie lieber einem Beamten aus Fleisch und Blut als einer anonymen Behörde. Wer mit den Gepflogenheiten noch nicht vertraut ist, dem helfen die Polizisten rasch auf die Sprünge. »*At bişey*«, sagen sie, »wirf mal was«, und dann läßt man eben etwas springen. Wer schwer von Begriff ist, dem malen die Beamten rasch zwei Möglichkeiten aus: Entweder opfert er zwei Arbeitstage, um mit Schlangenstehen und langer Anfahrt seine Strafe auf der zentralen Polizeibehörde zu bezahlen, oder er begleicht den

Obulus an Ort und Stelle. Das heißt unbürokratisch, weil es ohne Papierkram (Quittungen und dergleichen) abläuft.

Der Staat versucht mit immer neuen Gesetzen und Regeln, ein wenig Ordnung in das Verkehrschaos zu bringen. Doch obwohl der Gesetzgeber dabei viel Phantasie beweist, sind seine Bemühungen meist zum Scheitern verurteilt. Das galt auch für den Versuch, verdeckte Ermittler und ehrenamtliche Inspektoren im Straßenverkehr einzusetzen. Konkret mußte man sich das so vorstellen, daß der Gemüsehändler am Straßenrand, die verschleierte Frau an der Bushaltestelle und der Arbeiter an der Schnellstraßenausfahrt Verkehrspolizisten in Zivil sein konnten. (Der Umkehrschluß, daß der uniformierte Polizist in Wirklichkeit Gemüsehändler ist, traf allerdings nicht zu.) Per Handy sollten sie Verkehrssünder an die nächste Straßensperre weitermelden – wo man dann eben auch wieder »etwas warf«. So genial die Methode klang, sie setzte sich nicht durch.

Nomaden schätzen mehr als alles andere die Freiheit. In manchen Gegenden der Türkei wird darunter offensichtlich die Freiheit von Bevormundung und Vorschriften verstanden. Dazu zählen auch Verkehrsschilder, die vor allem im armen Osten des Landes verschwinden, sobald sie angeschraubt worden sind. Pragmatisch, wie Türken nun einmal sind, haben sie eine bessere Verwendung für Halteverbots- oder Vorfahrtsschilder: Auf ihnen läßt sich trefflich Tee servieren oder Brot backen, wenn man sie nicht gerade als Zielscheibe benutzt.

Türken reisen gerne, und am liebsten reisen sie mit dem Bus. In einem Land, dessen Eisenbahnnetz seit den Tagen von Orient-Express und Bagdad-Bahn nur unwesentlich erweitert wurde, sind Fracht und Mensch auf die Straße angewiesen. Im Bus können die Türken außerdem ihrer Lieblingsleidenschaft frönen: einander bis in intimste Details hinein auszufragen. Besonders beliebt sind Überlandstrecken, weil der Nachbar stundenlang nicht entkommen kann. Wildfremde Menschen fragen einander nach dem Beruf, dem Gehalt, der Größe der Wohnung, den Macken des Ehegatten, etwaigen körperlichen Gebrechen, und den Fortschritten der Sprößlinge in der Schule. Beliebt sind zudem unerbetene Urteile nach dem Muster: Sie sind aber ganz schön fett! Soviel zum Mythos von der Undurchdringlichkeit des orientalischen Privatlebens.

Das Reisen mit dem Bus hat zudem den Vorteil, daß man mit relativ großer Sicherheit dort ankommt, wo man hin will. Der Fahrer fährt die Strecke seit vielen Jahren und kennt sie wahrscheinlich einigermaßen gut. Aber wenn Türken alleine zu einer fremden Destination aufbrechen, dann stürzen sie sich ebenso unvorbereitet wie waghalsig in dieses Unternehmen. Straßenkarten und Stadtpläne werden grundsätzlich nicht zu Rate gezogen; eine schemenhafte Vorstellung von der groben Richtung reicht. Der Wikinger Erik der Rote oder Christoph Columbus waren sicher besser vorbereitet, als sie sich einschifften, um den Atlantik zu überqueren, als irgendein Mehmet Yılmaz, der eine Adresse am anderen Ende Istanbuls sucht.

Andererseits waren Erik und Columbus im Nachteil, weil sie ja unterwegs niemanden nach dem Weg fragen konnten. Mehmet hingegen läßt sich an jeder Straßenecke weiterlotsen. Dabei scheint es unwesentlich zu sein, ob er in die richtige oder in die falsche Richtung geschickt wird. Meist beschränken sich die Auskünfte sowieso nur auf vage Angaben wie »Das muß irgendwo oben sein« oder »Immer hinunter«. Vielleicht ist diese Art des Reisens ohnehin nur ein Vorwand, um wieder mal mit Unbekannten ins Gespräch zu kommen. Die Methode mag umständlich erscheinen, ganz schlecht kann sie nicht sein. Schließlich sind die Türken auf diese Weise aus Zentralasien bis vor die Tore Wiens gelangt.

Generationenkonflikt mit vertauschten Rollen

Ein frommer Sohn in säkularer Familie

Wirklich nervös wird Batu erst, als er sich neben seine Mutter setzen soll. »*Yani, yani, çok yani*«, murmelt er ein ums andere Mal, »nun ja, nun ja, also wirklich.« Endlich bequemt er sich dazu, sich in die äußerste Ecke des brokatbezogenen Louis-Quinze-Sofas zu zwängen. Fast will er in die Kissenfalte hineinkriechen, als seine Mutter an ihn heranrückt, um auch dem Vater Platz zu machen. Da er ihrer Berührung auf dem engen Sitzmöbel nicht entgehen kann, dreht Batu wenigstens den Kopf zur Seite, um seinen Widerwillen zu dokumentieren.

Zum Glück muß Batu nur ganz kurz für ein Familienphoto auf die Couch, und schon nach wenigen Minuten nimmt er wieder seine Position gegenüber der Sitzgarnitur unter dem Kristallüster ein. Stehend, die blaßgrüne Gebetskette aus Plastik in der Linken und heftig gestikulierend, wirkt er wie eine Mischung aus einem Prediger und einem Dozenten, der ganz besonders verstockten Studenten einen bestechend einfachen Sachverhalt einzutrichtern versucht. Doch während der Vater dem Sohn demonstrativ nicht zuhört, liegt im Blick der Mutter neben verwundertem Befremden auch Liebe und ein wenig Bewunderung.

Es ist ja nicht so, daß der 30jährige nicht auch seine Mutter lieben würde; das Problem besteht vielmehr darin, daß sie eine Frau ist und Batu seit sieben Jahren Mitglied in einem streng islamischen türkischen Orden ist, der körperliche Berührungen zwischen den Geschlechtern im wesentlichen auf die Eheleute beschränkt. So strikt religiös ist der von einem anatolischen Scheich geleitete *Tarikat* Batus, daß ihm selbst die islamistischen türkischen Politiker und ihre politische Parteien als liberal-laizistische Wahlvereine vorkommen mögen. Bei Wahlen jedenfalls kriegen die Islamisten Batus Stimme nicht, obschon er zugibt, daß sie als einzige Partei »wenigstens keine Feinde der Religion sind«.

Seine Eltern indes dürfte Batu vermutlich insgeheim schon als Feinde des Islam einstufen. Denn Yılmaz Badur und seine Frau Oya sind türkische Staatsbürger ganz im Sinne des Republikgründers Mustafa Kemal Atatürk: national gesinnt, westlich ausgerichtet, und noch weniger fromm als ein lauer deutscher Durchschnittschrist, der Pfarrer und Kirche bestenfalls als Kulisse für Taufe, Hochzeit, und Beerdigung braucht. Ein säkular denkender Türke bewältigt sogar diese markanten Lebensstationen ganz leicht ohne geistlichen Beistand.

»Bei uns hat die Großmutter gebetet, ich habe keine solche Neigung«, gesteht Yılmaz Badur. Was die Renaissance des Islam in der Türkei betrifft, so fühlt er sich sogar abgestoßen. »Das entfernt mich noch mehr von der Religion, weil sie für politische Zwecke mißbraucht wird«, sagt er. Wenn überhaupt, dann verstehe er unter Frömmigkeit die direkte Zwiesprache zwischen ihm und Gott: »Ich brauche keine Vermittlung.«

Batu hingegen genügten die »tragikomischen Slogans« des Kemalismus irgendwann einmal nicht mehr. »Zwischen 14 und 24 war ich Atheist, dann hatte ich viele Fragen und fand keine Antworten«, sagt er. Seine Eltern hatten ihn nie an die Religion herangeführt. »An Feiertagen fing es in der Moschee immer so früh an, da wollten wir die Kinder nicht wecken«, verteidigt sich Yılmaz Badur. »Und wir waren auch selbst nicht allzu gläubig.«

Batu holte sich seine ersten Antworten beim asiatischen Kampfsport Kung Fu. Nach einem kurzen Intermezzo bei einem Guru in Indien entdeckte er, »daß die Antworten viel näher, bei mir zu Hause liegen«. Batu las die Werke des Sufi-Scheichs Mevlana und schloß sich einem mystischen Orden an. Seitdem hält er sich peinlich genau an die Bestimmungen des Islam, betet und fastet, und nur weil die Gebote des Propheten ausdrücklich auch den Gehorsam gegenüber den Eltern vorschreiben, ist es wohl noch zu keiner größeren Katastrophe gekommen.

Denn in der großbürgerlichen Wohnung der Familie Badur mitten im europäischen Istanbuler Geschäftsviertel Sisli wird seit sieben Jahren stellvertretend ein Konflikt ausgetragen, der den ganzen Staat und die ganze Gesellschaft erfaßt hat: Es geht darum, ob der Kemalismus noch eine Chance hat, und welche Rolle die Religion, der Islam künftig in der Türkei spielen wird. Das Beispiel der Badurs zeigt, daß dies auch ein Generationenkonflikt ist, in dem die traditionellen Vorzeichen vertauscht zu sein scheinen: Die Jugend verschreibt sich der Religion, das Alter der Aufklärung.

Eigentlich könnten die Badurs eine türkische Vorzeigefamilie sein. Der studierte Bergbauingenieur Yılmaz führt mit 66 Jahren noch immer seine eigene Firma, die Perlit, einen raren und in der chemischen Industrie gefragten Vulkanstein fördert und exportiert. Seine Frau Oya ist gut zehn Jahre jünger, elegant, modisch und weltoffen. Sie ist stolz darauf, daß ihre Eltern sie auf englische und deutsche Schulen geschickt haben. Auch die drei Söhne schienen dem Ideal des türkischen Großbürgertums zu entsprechen: Der Älteste ist promovierter Wirtschaftswissenschaftler mit Studien in den USA, der zweite betreibt eine erfolgreiche Zahnarztpraxis, und der jüngste, Batu, schrieb sich an der juristischen Fakultät des renommierten Robert's College ein. Als einziger lebt er noch mit seinen Eltern zusammen, was in der Türkei nicht ungewöhnlich ist.

Im Moment hat er eigentlich nur ein Problem mit seinen Eltern, das aber Symbolkraft hat für die grundsätzliche Auseinandersetzung zwischen Religion und Säkularismus und abermals die gängigen Vorstellungen von der Rollenverteilung der Generationen auf den Kopf stellt. Kurz gesagt: Batu hat eine Freundin und möchte sie so rasch wie möglich heiraten; sein Vater hingegen rät zur Ruhe, eine Ehe, so meint er, dürfe man nicht übers Knie brechen. Die beiden jungen Leute sollten sich erst einmal in Ruhe besser kennenlernen, miteinander ausgehen, gemeinsam in Urlaub fahren.

Für Batu sind diese Ratschläge des Vaters gotteslästerlich. »Ich habe ein starkes Verlangen nach dieser Frau, und ich muß mein Verhältnis zu ihr legalisieren, damit ich nicht auf unkeusche Gedanken komme«, erklärt er sein Dilemma. Solange er nicht verheiratet sei, dürfe er mit seiner Freundin nicht ins Bett gehen. Deshalb müsse er aus religiösen Gründen so schnell wie möglich die Voraussetzungen dafür schaffen. Yılmaz Badur hört sich dies an und fragt sich, wer der jüngere von beiden ist: er oder sein Sohn Batu.

Den Namen Batu hört der junge Mann übrigens gar nicht gern, und er ist froh, daß er – nach seinem Großvater – auch Hüseyin heißt. So nennen ihn auch seine Freunde im Orden. Die beiden Namen stehen für gegensätzliche Konzepte: Batu Khan war der Enkel Dschingis Khans, ein legendärer – heidnischer – Turkführer, der 1237 Rußland unterjochte. Hüseyin hingegen war der Enkel des Propheten Mohammed und ein Märtyrer für die schiitische Richtung des Islam. Wenn man so will, streiten diese beiden Enkel heute um die Seele der Türkei.

Batu-Hüseyin und sein Vater streiten nur noch selten. Der Sohn meint, daß der alte Herr »kein Mensch ist, der gern diskutiert«, und der Vater konstatiert trocken, daß »ich meine Meinung sage und er seine, ich bin da tolerant.« Wenn allerdings ein Konflikt ausbricht, dann wird deutlich, daß keine Brücke breit genug ist, um die Gegensätze zu überwinden – wie etwa, wenn es um die Geschichte der türkischen Republik geht.

Batu kann sich ereifern, wenn er über Atatürk spricht, und wenn er argumentiert, dann merkt man, daß er bei einem Test an der Universität einen Intelligenzquotienten von mehr als 150 erzielt hat. Atatürk war nach der Überzeugung Batus für die Türkei ähnlich verheerend wie Lenin für Rußland. Auch er habe versucht, »die Religion zu vernichten«, auch er habe sie als »Entwicklungshemmnis« diffamiert. Man könne der Generation seines Vaters eigentlich keine Vorwürfe machen, da sie »einer Gehirnwäsche« unterzogen und von der Religion »abrasiert« worden sei. Seitdem gelte im Land der Grundsatz, daß nur »ein stummer Muslim ein guter Muslim« sei.

Daß Yılmaz Badur die Ausführungen seines Sohnes mit immer größerer Ungeduld verfolgt hat, bemerkt man nur daran, daß die Hand mit dem Ehering immer heftiger die Sessellehne knetet. »Darf ich auch etwas sagen«, unterbricht er schließlich die Tirade seines Jüngsten. Als junger Mensch sei er auch in die Moschee gegangen und habe den Predigern zugehört. »Doch als wir älter wurden, haben wir erkannt, wer dort spricht, und daß diese Imame nicht imstande waren, unsere Wünsche zu erfüllen.« »Kein Wunder«, kontert Batu. »Alle vernünftigen Muslime waren ja umgebracht worden, deshalb warst du enttäuscht.«

Immerhin hatten sich die Eltern vor ein paar

Tagen bereit erklärt, die weite und anstrengende Reise in das entlegene ostanatolische Dorf zu unternehmen, wo Batus Scheich lebt und lehrt. »Batu wollte, daß wir ihn besuchen, und ich war neugierig zu sehen, wie Seine Majestät da vorne sitzt und Tausende von Menschen vor ihm beten«, erzählt Yılmaz Badur und kann seinen bitteren Spott nicht unterdrücken. Von einer bestimmten Aura jedenfalls habe er nichts bemerkt.

Seine Frau widerspricht. Sie habe die Gastfreundschaft des Ordens genossen und durchaus etwas »Unsichtbares« gespürt, erinnert sich Oya Badur, »vielleicht, weil mein Glaube stärker ist als der meines Mannes«. Deshalb fastet sie im Ramadan auch mit ihrem Sohn, »damit er sich nachts, wenn die letzte Mahlzeit vor Tagesanbruch genommen wird, nicht so einsam fühlt.«

Aber am Ende geht es darum, salopp gesagt, wessen Gott letztlich recht hat, und da kann auch Oya ihrem Sohn nicht mehr folgen. Batu-Hüseyin jedenfalls ist überzeugt davon, daß seine Mutter auf ewig in der Hölle schmoren wird, weil sie sich nicht islamisch-züchtig bekleidet. »Ich weiß, daß das eine Sünde ist«, beteuert er. »Hier ist ein Mensch, den Sie lieben, und Sie wissen, nicht glauben, Sie wissen ganz genau, daß er der ewigen Verdammnis anheimfällt, ohne daß sie etwas daran ändern können.«

Seine Mutter ist anderer Ansicht: »Es gibt Islam und Islam, Muslim und Muslim. Ich glaube nicht, daß der Koran das Kopftuch strikt vorschreibt. Ich kenne Gott.« Da allerdings sind Mutter und Sohn so weit voneinander entfernt, daß kein Phototermin auf dem Sofa diese Distanz überbrücken kann.

Dschingis Khan, Attila und Atatürk

Türkische Namenswahl

Dschingis Khan war schon wieder einmal ungezogen, und deshalb darf er auch nicht zum Spielen hinunter auf die Straße, da mag Attila noch so bitten und betteln. Vielleicht hat er ja Glück, und Timur und Batu Khan warten auf dem Bolzplatz auf ihn. Was in europäischen Ohren leicht grotesk klingt, ist in der Türkei oft Alltag: All die grausamen und blutrünstigen Führer von Mongolen, Hunnen und Tartaren werden hier manchmal ganz klein. Kunststück, man trifft sie auf dem Spielplatz oder im Kindergarten.

Man mag darüber streiten, ob die Türkei nun eher zu Europa gehört oder zu Asien. Bei den türkischen Vornamen stellt sich diese Frage nicht: Sie belegen, daß die Türken weder hier noch dort sind, sondern ihr ureigenes Gestirn bewohnen, das wenig mit dem Planeten Erde gemeinsam hat. Denn ihre Namen schöpfen sie aus der eigenen Geschichte, Geographie oder gar der Metereologie: Es gibt so viele *Buluts* (Wolke), *Boras* (Sturm), *Yağmurs* (Regen) und *Yildirims* (Blitz), daß man sich mitunter in einem Indianerabenteuer von Karl May wähnt.

Die Folgen können delikat sein: Wer nicht über gewisse Grundkenntnisse türkischer Historie, Sprache und Botanik verfügt, wird sich rettungslos in einem undurchschaubaren Geschlechterlabyrinth verlaufen. Denn die Devise deutscher Transvestiten-Clubs – »Mann oder Frau, wer weiß es genau« – hier wird sie Realität: Sind *Oya* und *Ipek* nun zwei Schwestern, zwei Brüder oder Bruder und Schwester? War *Necati*, der die e-mail unterschrieben hat, die rassige Rothaarige von der letzten Ankara-Dienstreise oder der Langweiler mit dem Schnurrbart? Bei *Meriç* hilft auch ein Blick in den Atlas nicht: So heißt zwar der Grenzfluß zu Griechenland, aber hieß nicht auch die Frau des Businesspartners so, oder vielleicht er selbst?

Gottlob gibt es unter den Türken auch heute noch fromme Muslime, die dem Fremden mit arabischen Namen einen Weg durch das Dickicht weisen: Bei *Ali* und *Ahmet*, *Hasan* und *Hüseyin*, *Mehmet*, *Süleyman* und *Osman* weiß auch der durchschnittlich gebildete christliche Mitteleuropäer, daß er Männer vor sich hat. Und auch *Fatma*, *Leyla* oder *Ayşe* machen keine Probleme.

Europäische Vornamen indes muß man lange suchen, wenn man einmal von ein paar versprengten *Susans* oder *Vivians* in der Schickeria von Istanbul oder Izmir absieht. Aber schon beim anscheinend unverfänglich-europäischen *Deniz* wird es wieder kompliziert: Das klingt zwar nach dem englisch-französischen *Denis*, heißt aber auf türkisch »das Meer«, und kann als Rufnamen sowohl den Buben als auch das Mädchen zieren.

Die meisten Menschen tragen jedoch rein türkische Vornamen, und da hilft dem Fremden nur eins: Pauken, büffeln, auswendig lernen. Anders als in anderen Sprachen helfen ja nicht einmal

Endungen weiter. Türk-Namen auf *-a* oder *-i* beispielsweise mögen fatalerweise so klingen wie *Maria, Heidi* oder *Susi*. Weiblich sind sie deshalb noch lange nicht. *Necati* etwa ist eindeutig ein Mann, und auch *Tolga* – wiewohl es so klingt wie Olga – kann nie eine Frau heißen. Denn *tolga* bedeutet auf türkisch »Streitaxt«, und die ist in einer patriarchalischen Gesellschaft selbstverständlich dem starken Geschlecht vorbehalten.

Ein paar ganz dünne Richtschnüre gibt es wenigstens: Taucht in einem Namen die Silbe »*Nil*« auf wie in *Nilüfer* oder *Nilgün*, so handelt es sich zweifelsfrei um eine Frau; wo immer die beiden Buchstaben »*er*« stehen, versteckt sich ein Mann. Kein Wunder, bedeutet *er* im Türkischen doch nichts anderes als eben dies: Mann. So gibt es *Alper*, den »Kriegsmann«, *Özer*, den »echten Mann«, aber auch *Ilker* und *Soner* – den ersten und den letzten Mann.

Damit soll zum einen der Stolz über den Erstgeborenen und zum anderen der Wunsch nach einem Ende des Kindersegens zum Ausdruck gebracht werden. Ist das vorläufig letzte Kind ein Mädchen, so drücken manche Eltern diesen Wunsch buchstäblich blumiger aus und nennen die Kleine dann hoffnungsvoll *Songül* – die letzte Rose. Sind Vater und Mutter weniger romantisch veranlagt oder ist die Familie wirklich schon unüberschaubar groß, kann es auch kurz und bündig eine *Yeter* werden – wörtlich übersetzt: »es ist genug«.

Als Grundregel läßt sich – so man Türkisch beherrscht – leicht merken: Lieblich sind die

Mädchennamen, kriegerisch die der Jungen. Bei den Damen sind denn auch Anleihen bei Flora und Raumfahrt beliebt wie *Gül* (Rose), *Lale* (Tulpe) und *Elif* (Blume) sowie *Aysel* und *Ayten* – von Mondlicht überflutet die eine, mit einem Mondteint geschminkt die andere; bei den Männern hingegen überwiegen eher Beispiele aus der Fauna: *Arslan* (Löwe), *Şahin* (Falke), *Doğan* (Habicht) oder *Kartal* (Adler). Der Phantasie sind keine Grenzen gesetzt, Hauptsache, der Name klingt irgendwie stark und mächtig. Deshalb gibt es den staatstragenden *Cumhur* (Republik) ebenso wie den lavaspeienden *Volkan*.

Als ob dies alles nicht schon konfus genug wäre, sind viele Namen geschlechtsneutral: Ob *Sümer* oder *Aydın*, *Aydan* oder *Bülent* – so können sowohl Männlein als auch Weiblein heißen. Von diesem Umstand machte nicht zuletzt *Bülent Ersoy* Gebrauch, die bekannteste transsexuelle Künstlerin der Türkei. Einmal *Bülent*, immer *Bülent* – eine willkommene Konstante, auch wenn aus dem schlanken Mann eine vollschlanke Dame geworden ist.

Daß die Türken so unverkrampft mit ihren Namen umgehen, liegt vielleicht auch daran, daß sie erst vor gar nicht allzu langer Zeit von Staats wegen zu kühnen Experimenten angewiesen wurden. Denn für die meisten Menschen waren es Vater oder Großvater, die 1934 zum ersten Mal einen Familiennamen erhielten – entweder selbst ausgesucht oder von einer auf Schabernack und Schadenfreude erpichten Behörde zugewiesen. Denn erst vor 60 Jahren ordnete *Mustafa Kemal*, der Gründer der türkischen Republik, an, daß seine Landsleute wie andere zivilisierte Menschen in der Welt auch, ordentliche Nachnamen tragen sollten. Erwünschter Nebeneffekt: Nur so konnte man die Bevölkerung korrekt in Listen erfassen, was mit dem alten System fast unmöglich war. Früher trugen Türken zwei bis drei Vornamen: den eigenen, den des Vaters und jenen des Großvaters – ein Alptraum für jeden Verwaltungsbeamten.

Ein wenig muß es bei der Namensreform zwischen Bosporus und Ararat zugegangen sein wie in den Namenskommissionen des österreichischen Kaisers Joseph II., der vor mehr als 200 Jahren den Juden in seinen Erblanden einen christlichen Familiennamen aufoktroyierte: Auch die wenigsten Türken konnten sich mit Geld und guten Worten einen eigenen, wohlklingenden Familiennamen kaufen. Viel häufiger entschieden die Beamten aus einer Laune heraus, ob einer *Özköylü* (echter Bauer), *Deveci* (Kameltreiber), *Sirkecioğullari* (Söhne des Essigmachers) oder noch schlimmer heißen sollte. Diese böse Spottlust war auch der Grund, weshalb so viele Kurden für sie schmachvolle Namen wie *Türk, Öztürk* oder *Asiltürk* tragen – Türke, echter Türke, reiner Türke.

So kommt es aber auch, daß man in der Türkei die Vor- und Nachnamen neuer Freunde und Bekannter im Wörterbuch nachschlagen kann. Allein die gegenwärtigen Spitzen von Politik und Militär in Ankara ergeben – übersetzt – ein buntes Panoptikum: Staatspräsident *Süleyman Demirel* verfügt demnach über eine »eiserne Hand«, und Ex-Regierungschefin *Tansu Çiller* über viele »Sommersprossen«. Der frühere Islamistenführer *Neçmettin Erbakan* ist buchstäblich ein »Herr Minister«, sein designierter Nachfolger *Recep Tayyip Erdoğan* lediglich ein »männlicher Habicht«. Bizarr wird es, wenn man Namen und Funktion nebeneinanderstellt: Da entpuppt sich Generalstabschef *Hakkı Karadayı* als »schwarzer Onkel (mütterlicherseits)«, sein Stellvertreter *Çevik Bir* als »flotte Nummer eins«, und Ministerpräsident *Mesut Yılmaz* als »glücklicher Unerschrockener«.

Staatsgründer *Mustafa Kemal* erhielt seinen Nachnamen vom türkischen Parlament als Geschenk: *Atatürk,* Vater der Türken. Es gibt wohl keinen exklusiveren Namen auf der Welt, denn nur er allein durfte ihn tragen. Seine Familienangehörigen mußten sich mit dem leicht überheblich-sexistischen *Atadan* bescheiden – »vom Vater abstammend«. Sogar der bürgerliche Name der alten osmanischen Sultandynastie verblaßt daneben zur Allerweltsbezeichnung: *Osmanoğlu* heißen sie, Sohn des *Osman*. Immerhin stimmt dies mit den historischen Tatsachen überein.

Der »Vater der Türken« machte seinem Namen übrigens in jeder Hinsicht Ehre. *Atatürk* hatte nämlich die Angewohnheit, jeden Untertanen – egal ob Staatsminister oder Sattelflicker, alt oder jung, Mann oder Frau – in einer Mischung aus väterlicher Güte und Herablassung mit *çocuk* anzureden – »Kind«. Als Vater der Nation stand ihm dies wahrscheinlich zu; doch weshalb heute junge Türkinnen von *çocuklar* reden, wenn sie sich über junge Männer unterhalten, das wurde noch nicht erforscht.

Vater *Atatürk* und seine Kinder indes standen in einer alten Tradition, behandeln doch alle Türken einander als Mitglieder einer einzigen großen Familie – egal ob sie verwandt sind oder nicht. Es ist eine Nation von Söhnen und Töchtern, Brüdern und Schwestern, Onkeln und Tanten, auch wenn sie einander noch nie gesehen haben. Ganz oben im Staat waltet noch immer der Vater: Der Staatspräsident trägt den informellen Ehrentitel *baba* – der Papa eben.

Wir alle kennen doch das Problem in Deutschland. Wie spreche ich einen wildfremden Menschen auf der Straße an, den ich etwa nach dem Weg fragen will? »Entschuldigen Sie, ja Sie mit dem roten Hemd, Sie meine ich?« Wo Engländer und Franzosen höflich-neutrale Begriffspaare wie *Sir* und *Madam* beziehungsweise *Monsieur* und *Madame* kennen, da herrscht im Deutschen Sprachlosigkeit.

Nicht so in der Großfamilie mit dem Namen Türkische Republik, wo jeder mit jedem verschwistert, verschwippt und verschwägert zu sein scheint, wenn man den Gesprächen auf der Straße, im Bus, auf der Post oder im Restaurant lauscht: »Sag mal, Onkel, fährt der Bus nach Eminönü?« »Nein, meine Tochter, da mußt du umsteigen.« »Hallo, großer Bruder, du kriegst noch Wechselgeld raus.« »Setz dich hin, Tante, du siehst müde aus.«

Die familiäre Anrede indes ist nicht immer lieb gemeint (aber das ist sie ja in der richtigen Familie auch nicht). Wenn jemand etwa eine Unterhaltung mit *kardeş* (Bruder) beginnt, dann kann man fast sicher sein, daß bald die Fetzen fliegen werden. Als Faustregel gilt: Je familiärer der Umgangston, desto schlimmer die Folgen.

Den Staat und das Militär haben derlei dörfliche Umgangsformen schon immer gestört. Sie passen in ihren Augen nicht zum Bild einer modernen, europäischen, zivilisierten, aufgeklärten Türkei. Sie wünschen sich, daß Türken ausgesucht höflich *beyefendi* sagen, und einander mit *Bay Özkan* und *Bayan Yılmaz* anreden. Die Generäle führen einen aussichtslosen Kampf, auch wenn sie die Gelegenheit haben, zumindest allen männlichen Türken den höflichen Umgangston beim Wehrdienst einzubimsen. Kaum aus der Armee entlassen, fallen die jungen Männer wieder zurück in die bequeme Onkel- und Tantenwelt, so als ob sie die engen Stiefel wieder mit ausgelatschten Pantoffeln vertauschten.

Hoffnungslos auf der Flucht

Das Kurden-Getto in Istanbul

Es ist soviel Haß in Nuris Augen, daß man unwillkürlich den Blick senkt. Es ist ein alles umfassender Haß von nahezu alttestamentarischem Ausmaß, der alle verzehren soll, die irgendwie mitschuldig sind an der Zerstörung seines Lebens. Bevor er hierher kam, war Nuri ein für seine Verhältnisse reicher Mann. In einem Dorf bei Mus, irgendwo in Türkisch-Kurdistan, besaß er gut 4.000 Quadratmeter Grund, dazu mehr als hundert Schafe. »Ich hatte alles, was ich brauchte, und vielleicht ein bißchen mehr«, erzählt Nuri. »Bis zu dem Tag, als sie kamen und alles zerstörten.«

An jenem Sommertag vor drei Jahren waren Soldaten und Gendarmen in das Dorf gekommen. Zunächst trieben sie alle Männer und Knaben auf dem Marktplatz zusammen, beleidigten und verprügelten sie. Sie verschonten nicht einmal Nuris 97jährigen Großvater, der »noch mit Atatürk gekämpft hat«. »Dann kam einer von der Jandarma und sagte: ›Das ist türkisches Land, ihr Kurden habt hier nichts verloren‹«, berichtet Nuri. Er muß dabei seine Hände festhalten, so sehr zittern sie vor Zorn. »Ihr könnt entweder in die Berge zu den Separatisten gehen, oder nach Deutschland.« Aber das Schlimmste sollte noch kommen. »Dann haben sie ein großes Feuer gemacht und alle unsere Schafe darin verbrannt. Aber die Tiere lebten ja noch, und wenn einer von uns protestieren wollte, dann versuchten die Soldaten, auch ihn ins Feuer zu stoßen.«

Was Nuri widerfuhr, ist fast Alltag im Osten der Türkei, wo seit mehr als einem Dutzend Jahren ein unbarmherziger und schmutziger Krieg zwischen den Separatisten der Arbeiterpartei Kurdistans (PKK) und den türkischen Sicherheitskräften tobt. Beinahe 25.000 Menschen sind in dieser Zeit getötet, mehr als 3.000 Dörfer vernichtet und ihre Bewohner vertrieben worden – teils von den Sicherheitskräften, teils von der PKK. Denn beide Seiten verlangen von den Bauern ungeteilte Loyalität. »Du hast die Wahl«, hatte ein türkischer Offizier zu Haydar, Nuris Nachbarn, gesagt, »entweder du nimmst ein Gewehr und kämpfst für die Terroristen, oder du nimmst ein Gewehr und kämpfst für uns. Eine dritte Möglichkeit gibt es nicht.«

Für Nuri, Haydar und Abertausende ihrer Landsleute gab es gleichwohl eine dritte Möglichkeit – die Vertreibung nach Westen, in die Metropolen Ankara, Bursa, Izmir oder Istanbul. Weil aber Vertreibung ein häßliches Wort ist, haben die Richter am Bundesverwaltungsgericht in Berlin eine hübsche bürokratische Umschreibung dafür gefunden: sie nennen es »innerstaatliche Fluchtalternative« und begründen damit, warum Kurden keinen grundsätzlichen Asylanspruch in Deutschland genießen. Das Gericht hatte entschieden, daß Kurden, die wegen ihrer Nationalität verhaftet, gefoltert oder über Nacht von

Haus und Hof vertrieben werden, nicht gleich nach Deutschland flüchten müßten. Sie könnten ja in die Westtürkei umziehen, wo sie vor Verfolgung und Repressalien »hinreichend sicher« seien.

Esenyurt ist so eine »innerstaatliche Fluchtalternative«. Es liegt im äußersten Westen Istanbuls, noch jenseits des Atatürk-Flughafens, an der Autobahn nach Griechenland und Bulgarien. Kemal, der im Café Amca unter einer Phototapete mit einer herbstlichen Alpenlandschaft sitzt und Karten spielt, war einer der ersten hier. Als er vor 20 Jahren ankam, »gab es hier vielleicht zwei Dutzend Häuser und ein paar Hundert Menschen«. Heute nennt eine Viertelmillion Menschen Esenyurt ihr Heim – Zehntausende davon Vertriebene aus Kurdistan. Was als *Gecekondu* begann, als Viertel mit illegal über Nacht gebauten Hütten, verfügt mittlerweile über eine eigene Autobahnausfahrt, einen Bürgermeister, ein Atatürk-Denkmal, einen Industriepark und eine neue Trabantenstadt.

Sie ist das Werk von Gürbüz Çapan, seit sieben Jahren der *Başkan*, der Bürgermeister, von Esenyurt. Rund 15.000 Wohnungen sind dort entstanden, von denen 14.995 allerdings noch nicht verkauft sind. »Die Abwertung der Lira hat uns zurückgeworfen«, sagt Çapan und wischt mit seinem Zeigestock jeden Einwand beiseite, bevor er formuliert ist. Schon piekst er weiter auf dem Modell »seiner« Stadt herum, das in seinem edelholzgetäfelten Büro neben der schweren Ledergarnitur steht. »Hier, sehen Sie, die Kinos, dort die Geschäfte, da oben am Rand die Moschee für die Fundis, und da unser Prunkstück, das Open-Air-Theater.«

Staatspräsident Süleyman Demirel persönlich hat die Freiluftbühne dann auch eröffnet. Die große Sezen Aksu hat gesungen, und ein glückstrahlender Gürbüz Çapan, der in seiner Jugend als Mitglied der linksradikalen Stadtguerilla steckbrieflich gesucht worden war, hat dem Staatschef dabei unterwürfig die Hand geküßt. »Ein böser Junge« sei er früher gewesen, kokettiert er; nun aber sei er froh, den Weg zurück in die Gesellschaft gefunden zu haben.

Für Menschen wie Nuri und Haydar sind die Wohnungen in der Trabantenstadt Esenkent indes keine »innerstaatliche Fluchtalternative«. Schon die kleinsten Apartments kosten 30.000 Dollar, und das ist für jemanden, der mit Glück umgerechnet 300 Mark im Monat verdient, unerreichbar. Nuris Landsleute haben die Villen und die Hochhäuser nur gebaut. Dafür durften sie auf dem nackten Beton der Rohbauten übernachten.

Der *Başkan* Çapan indes weiß überhaupt nichts davon, daß bettelarme Flüchtlinge aus Kurdistan in seiner Gemeinde leben sollen. »Sie wollen Kurden sehen? Sehen Sie mich an, ich bin einer«, prahlt er. Die armen Flüchtlinge würden das adrette Bild auch nur stören, schließlich will Çapan den gebildeten Mittelstand in seine *belediye* locken. »Früher einmal, ja, da war sogar die PKK politisch aktiv hier«, gibt er zu. »Aber dann habe ich die Straßen asphaltieren lassen, da ist die Zivilisation eingekehrt, und schon sind die PKKler voller Schreck ruckzuck zurück in ihre Berge geflüchtet«, spottet Çapan.

Der Asphalt. Wenn es eine Erklärung für den kommunalpolitischen Erfolg des studierten Mediziners und Altlinken Çapan gibt, dann ist es der Asphalt. Stolz läßt er sich im gepanzerten Mercedes der S-Klasse (»Ein Geschenk von einem Freund«) über die frisch geteerten Straßen kutschieren. »Bevor ich Bürgermeister wurde, war hier im Winter alles nur Morast«, beteuert er ein ums andere Mal. Beim Rundgang durch die neue Fußgängerzone der Stadt, den er in der gönnerhaften Haltung eines gutgelaunten, feudalen Großgrundbesitzers absolviert, begegnet er nur glücklichen, dankbaren Wählern. »Der *Başkan*«, stößt der Reifenhändler Mehmet hervor, »der *Başkan* hat uns vom Schlamm befreit.«

Cesim kann darüber nur lachen, obwohl – oder vielleicht weil – er gerade von Kopf bis Fuß mit Dreck bespritzt worden ist. Er hat geholfen, ein Auto flottzumachen, das in einem Schlammloch steckengeblieben war. Çapans Teerkolonnen sind offenkundig nicht in alle Winkel Esenyurts vorgestoßen. Wie es der Zufall will, handelt es sich bei diesen vernachlässigten Gegenden justament um jene Viertel, in denen die meisten Kurden ihre »innerstaatliche Fluchtalternative« gefunden haben.

Auch Cesim wohnt in dieser *mahalle*, die sich einen kargen, vegetationslosen Abhang hinunterzieht. Ein paar schmutzige Gänse staksen durch den Morast, zerzauste Hühner flattern hoch. Die geduckten Hütten wurden rasch aus rohen Ziegeln gemauert. Der einzige Luxus sind die Satellitenschüsseln auf den Wellblechdächern. Sie künden davon, daß PKK-Chef Abdullah »Apo« Öcalan schon mitten in Istanbul steht – über MedTV, seinen Londoner Kurdensender.

Unten in der Talsenke fließt ein Bach, von dem man nicht weiß, ob sein Anblick oder sein Gestank bestialischer ist. Am Ufer dieser offenen Kloake spielen Kinder, und wenige Meter entfernt haben die Bewohner Brunnen gegraben. Damit sind sie zwar von den teuren und unregelmäßigen Lieferungen der Stadtverwaltung unabhängig; freilich kann niemand sagen, wieviel giftiges Abwasser sich mit dem Grundwasser mischt. Yunus Kuş, der örtliche Vertreter der pro-kurdischen HADEP-Partei, sagt, daß viele Kinder chronisch unter Durchfall, Allergien oder Hautausschlag leiden.

Cesims Hütte steht gleich neben dem Bach. Wie viele andere hier hat er einen kleinen Garten angelegt, in dem er Tomaten zieht und ein paar Kräuter. Schießlich war auch er Bauer daheim in seinem Dorf, das sitzt im Blut. In Esenyurt indes hat er seit seiner Ankunft vor drei Jahren keine geregelte Beschäftigung gefunden, denn die Firmen, die Bürgermeister Çapan in die Stadt gelockt hat, »stellen keine Kurden ein«. Nein, so direkt würde man das natürlich nicht sagen, erklärt Cesim. »Aber in den Fabriken hängen Schilder, wo draufsteht, daß sie nur qualifizierte Kräfte nehmen; aber wo und wie hätten wir uns qualifizieren sollen?«

So bleibt auch Cesim nur der Weg zum »Arbeitercafé«. Zu Dutzenden kommen die Männer hier jeden Tag zusammen und warten darauf, daß ihnen jemand für einen oder zwei Tage einen Job am Bau oder bei der Ernte anbietet. Tische hat dieses Café nicht, nur überall wackelige Stühle. Kein Wunder, es hat ohnehin kaum jemand Geld, um sich ein Glas Tee zu bestellen. In einer guten Woche hat Cesim zwei, drei Tage Arbeit. Bei einem Tagesverdienst von einer Million Lira sind das dann umgerechnet 50 Mark in der Woche. Das reicht nicht, um eine vierzehnköpfige Familie durchzubringen. Nur weil der Älteste schon mitarbeitet, kommen sie über die Runden.

Aber auch als Tagelöhner werden sie wegen ihrer kurdischen Herkunft diskriminiert, sagt Haydar. Er erzählt, wie er und sein Bruder einen Job auf einer Baustelle gefunden hatten. »Wir sprachen kurdisch miteinander, und schon am nächsten Tag kam der Vorarbeiter zu uns. Aber er warf uns nicht raus, er sagte bloß, daß die Arbeit ein paar Tage unterbrochen wird.« Als Haydar wiederkam, war sein Job an jemand anderen vergeben. Er zuckt mit den Schultern: »Unsere Zunge ist unser Schicksal.«

»Die Diskriminierung der Kurden ist nicht offen, sondern verdeckt«, glaubt Yunus Kuş von der HADEP festgestellt zu haben. »Man fragt einen Arbeiter, woher er kommt, und wenn er sagt Erzurum, Diyarbakır oder Bitlis, dann wird der Arbeitgeber vorsichtig. Nicht nur, daß er Probleme mit den Behörden bekommen kann; er weiß auch, daß viele kurdische Arbeiter politisch bewußter sind als Türken und konkrete Forderungen, etwa nach Zahlung des gesetzlich vorgeschriebenen Mindestlohnes stellen.«

Die Spielarten der verdeckten Diskriminierung sind vielfältig. Cesim etwa kann nur ein Kind auf die Schule schicken, mehr kann er sich nicht leisten. Allein die alljährliche Einschreibegebühr beträgt eine Million Lira pro Kind – bei sieben schulpflichtigen Kindern und einem Monatsverdienst von 20 Millionen ein Vermögen. Ganz zu schweigen von Büchern, Heften und Stiften. Aber ob Cesims begabte Tochter Beriwan glücklich sein wird in der Schule, ist fraglich. In der Klasse der Achtjährigen sitzen 120 Schüler.

Übrigens: Nuri, Haydar, Cesim und die anderen heißen nicht so. Aber sie haben Angst, ihre wahren Namen zu nennen. Sie wollen sich auch nicht photographieren lassen, aus Furcht vor der Polizei. Die hat ihre Spitzel überall in Esenyurt, und es vergeht keine Woche ohne Razzien. Männer werden mitgenommen, verhört und mißhandelt. Deshalb dürfen nur die Kinder vor die Kamera. Als sie sich auf dem Steg über den stinkenden Bach aufstellen, spreizen schon die Kleinsten ganz von allein die Fingerchen zum »V«, als Zeichen für den Sieg der kurdischen Sache. Wahrscheinlich hat Yunus Kuş doch recht. »Dieser Staat«, hat er gesagt, »hat die Kurden verloren.«

Kleine Geschenke erhalten die Leser

Wer kauft schon eine Zeitung, um sie zu lesen?

Es ist doch wirklich immer wieder dasselbe in dieser Stadt: Man geht los, um ein paar Zeitungen zu kaufen, und kommt zurück, als ob man im Supermarkt gewesen wäre: Shampoo, Dessertteller, Obstsaft, Putzmittel und für die Tochter Ausschneidepüppchen aus Pappe mit passender Papiergarderobe. Hat man dazu noch einige Zeitschriften erstanden, schleppt man sich noch mehr ab. Denn die wurden schon in der Druckerei gemeinsam mit aufwendigen Kosmetikartikeln, Bürsten oder Spielsachen in eine Cellophanhülle geschweißt. Eine Zeitung allein, also nur die nackten Nachrichten, Kommentare und Photos, kriegt man so gut wie nie in die Hand. Man kann es auch anders ausdrücken: Ohne ein Geschenk würden noch weniger Türken als ohnehin eine Zeitung kaufen.

Traurig, aber wahr: Die einst stolze, bunte und laute türkische Zeitungswelt ist in einer Krise. Natürlich gibt es noch immer die Flaggschiffe der großen Verlagshäuser: *Hürriyet* (Freiheit), *Milliyet* (Nation), *Sabah* (Der Morgen), und ihre kleineren Ableger *Türkiye* (Die Türkei), *Radikal* und *Yeni Yüzyil* (Das neue Jahrhundert). Knallig ist alles an ihnen, angefangen beim Zeitungskopf, der rot und weiß sein muß – so wie die türkische Fahne mit Halbmond und Stern auf blutrotem Hintergrund.

Reißerisch sind die Aufmacher: Meist hochpolitische Themen, die auf eine aussagekräftige Schlagzeile von höchstens drei Wörtern eingedampft und mit bonbonbunten Bildern illustriert werden.

Doch alles das funktioniert leider schon lang nicht mehr, um Leser anzuwerben oder auch nur zu halten. Das Volk sieht fern, und deshalb ist die Gesamtauflage aller Tageszeitungen im Lande schon vor längerer Zeit auf unter drei Millionen Exemplare gesunken – mit weiter sinkender Tendenz. Das ist recht wenig in einem Land mit knapp 70 Millionen Einwohnern. Als einziger Ausweg bleiben eben kleine Geschenke. Sie kommen außerdem dem Nationalsport der Türken entgegen, immer irgendetwas umsonst ergattern zu wollen. »*Bedava*« heißt »kostenlos«, und als »*bedavacılar*«, Volk der Umsonstler, bezeichnen sich deshalb viele Türken selbstironisch. Egal, ob man Waschpulver kauft, tankt, oder eben Zeitungen liest: Irgendeine Kleinigkeit gibt es immer dazu – *bedava*. Sogar die älteste Tageszeitung *Cumhuriyet* – altmodisch, trocken, schwarzweiß und langweilig staatstragend – legt einmal in der Woche ihrer Miniaturauflage von ein paar zehntausend Stück ein Büchlein bei. Nichts Aufregendes, bewahre! Meist ist es türkische Geschichte oder ein Klassiker der kemalistischen Ideologie.

Es gibt Wochen, da sehen Istanbuls Zeitungskioske aus wie Lager kurz vor der Inventur. Derzeit beispielsweise umwerben die Gazetten ihre Leser (wenn dieser Ausdruck ausnahmsweise einmal gestattet ist) mit Geschirr. Nicht, daß die Zeitungen einander ergänzten, daß also beispielsweise *Hürriyet* Teller, *Milliyet* Gläser, und *Radikal* Besteck offerieren würde. Nein, es gibt zuerst die Teller-Kampagne, dann die Glaskampagne und zuletzt die Messer-Promotion – schließlich hat man in Redaktionen und Verlagsbüros nicht vergessen, daß man Konkurrenzprodukte vertreibt. Am Kiosk führt das dann zu grotesken Szenen, wenn etwa Käufer auf einen geblümten Suppenteller deuten und fragen, zu welcher Zeitung er gehört. »Geben Sie mir sechs *Sabah*«, sagen sie dann, und: »Die Zeitungen können sie behalten, ich brauche nur ein bißchen Papier, um das Geschirr drin einzuschlagen.«

Aufwendiger, aber nicht minder beliebt sind Promotionskampagnen, die dann allerdings jahrelang dauern können. In jeder Ausgabe werden ganzseitig Coupons gedruckt, die der treue Leser ausschneiden und sammeln muß. Hat er alle Coupons zusammen, erhält er von der Zeitung, quasi als Treueprämie, ein Geschenk, dessen Wert sich nach Menge der angehäuften Papierschnipsel bemißt: Vom Besteckkasten über die Fritteuse, den Fernseher und das Videogerät bis hin zu Kleinwagen aus einheimischer Produktion reicht die Palette. Natürlich sind Tricks, Fußangeln und Fallen eingebaut: Immer wieder werden zusätzlich Hinweise und Vorschriften im Blatt versteckt. Wer die verpaßt oder übersieht, besitzt am Ende vielleicht einen Schuhkarton voller Coupons, aber bekommt trotzdem keinen Kühlschrank.

Die Zeitungen legen ihrer Phantasie keine Zügel an, wenn sie sich überlegen, was sie dem Leser per Coupon anbieten könnten. Eine Provinzzeitung etwa hatte einmal *Imame* im Angebot, also das islamische Gegenstück des Dorfpfarrers. Man braucht sie beispielsweise für Beerdigungen, und weil es sich um ein religiöses Blatt handelte, war die Idee vielleicht gar nicht so schlecht. Vielleicht fühlte sich der eine oder andere *Imam* ja auch an eine Promotionskampagne erinnert, die das Herrenmagazin *Okey* in den siebziger Jahren betrieb. Hauptpreis waren drei Tage und drei Nächte mit der seinerzeit populärsten Bauchtänzerin Melek Görgün.

Andere Blätter wiederum boten ihren Couponschneidern eine Lebensversicherung oder gleich eine schicke, teure Beerdigung. Für die Verlage hatte dies den nicht zu unterschätzenden Vorteil, daß der Zahltag in den meisten Fällen in weiter Ferne lag. Spöttisch und lebensklug, wie die Türken meist sind, fiel ihnen in diesen Fällen ihr beliebtester Held ein – Nasreddin Hoca, der weise Narr. Der hatte einmal dem Sultan versprochen, er werde einen Esel das Reden lehren – binnen Jahresfrist. Als seine Frau ihm Vorhaltungen machte, erwiderte er nur: »Ein Jahr ist eine lange Zeit, vielleicht stirbt der Esel, vielleicht der Sultan.«

Es ist unbekannt, wie die Geschichte letztlich ausging. Bekannt ist allerdings, daß das Promotionskonzept für die türkischen Verlage viele Jahre lang prächtig aufging. Vor allem die von den großen Verlagshäusern in kurzen Abständen auf den Markt geworfenen neuen Billigstzeitungen erreichten dank der Couponschneider in kürzester Zeit schwindelerregende, sechsstellige Auflagen. Doch vor allem in den letzten Jahren war der Promotionskampf immer öfter aus dem Ruder gelaufen. Der Wahnsinn trieb außergewöhnliche Blüten: Manche Familie kaufte täglich gleich mehrere Exemplare ein und derselben Zeitung, weil sie sowohl das Kaffeeservice als auch das Bügeleisen und den »Küchenroboter« haben wollte. An Kiosken werden Käufer ohnehin schon routinemäßig gefragt, ob sie ein Blatt mit oder ohne Coupons haben wollen. Denn viele Kunden reißen nur die Seite mit den Anrechtsscheinen heraus und geben das restliche Blatt mit den uninteressanten Geschichten dem Händler gleich wieder zurück. Diese couponlosen Zeitungen werden dann mit Rabatt an richtige Leser weiterverkauft.

Als einzige politische Kraft hatten es die Islamisten gewagt, dem Promotionsunwesen den Kampf anzusagen. Eine Zeitung, so meinten sie ein wenig altväterlich und weltfremd, eine Zeitung solle Nachrichten und Kommentare verkaufen, aber keine Kühlschränke. Wenn der Leser denn schon für seine Treue belohnt werden müsse, dann mit »geistig-kulturellen Produkten« wie Lexika, Bücher, CDs oder Videokassetten. Der Nachteil daran war, daß es fast in jedem türkischen Haushalt bereits mindestens zwei mehrbändige Enzyklopädien gibt – Ergebnis entsprechender Promotionskampagnen Anfang der neunziger Jahre. Außerdem ist auch dem religiösen Zeitungsabonnenten ein neuer Videorecorder lieber als eine Kassette mit erbaulichen Predigten, die er in denselben einlegen soll.

Entsprechende Gesetzesvorschläge der Islamisten waren deshalb von vornherein zum Scheitern verurteilt. Erst gab es keine Mehrheit im Parlament, dann weigerte sich der Staatspräsident, seine Unterschrift unter das Gesetz zu setzen, und ständig standen die Islamisten unter dem Sperrfeuer der Gazetten. Immerhin konnte man in jenen Wochen das Spektakel beobachten, daß sich – wie Spötter behaupteten – sogar Analphabeten leidenschaftlich und mit guten Argumenten in eine Debatte um das gedruckte Wort einmischten.

In jener Zeit ließen die mächtigen Verleger ihre Kolumnisten von der Leine, wie immer, wenn sie ihre eigenen Interessen berührt oder gar gefährdet sehen. Es wäre falsch, diese Journalisten als Kommentatoren zu bezeichnen – Exemplare dieser niedrigen Gattung halten sich ja auch Zeitungsverleger in Europa und Amerika. Anders türkische Kolumnisten: Sie sind Stars, Diven, bejubelt wie große Sänger oder Musiker – oder zumindest waren sie dies einmal. Damals, als die Menschen in diesem Land noch Zeitungen wegen der gedruckten Artikel kauften, gaben oft die täglichen Kommentare eines bestimmten Kolumnisten den Ausschlag über Wohl und Wehe der Auflage, und nicht das Design der Obstschale.

»Eckenschreiber« nennt man sie, weil die größten von ihnen – und jede Zeitung hält sich mindesten ein gutes Dutzend von ihrem Kaliber – ihre Kolumne gut sichtbar in einer Zeitungsecke haben: Rechts oben, links oben, und wenn es gar nicht anders geht, dann auch unten. Entscheidend aber ist der Eckplatz, das Photo und neuerdings die e-mail-Adresse. Wenn früher einer von ihnen die Zeitung wechselte, dann nahm er Zehntausende von Lesern mit. Weil das wiederum die Konkurrenz wußte, wurden »Eckenschreiber« umworben wie Fußballstars – mit Handgeldern und Ablösesummen, die noch auf ihre sechs- bis siebenstelligen Dollar-Jahresgehälter aufgerechnet wurden. Letztendlich einigten sich die Medienmogule auf einen Ab- und Anwerbestop. Die Folge: Die hochbezahlten Stars sind nun auf Lebenszeit an ihr Blatt gekettet. Wenn ihnen jetzt der Herausgeber einen unsittlichen Schreibauftrag erteilt, dann können sie sich entweder fügen oder in die Arbeitslosigkeit abmelden. Eine dritte Möglichkeit, der Wechsel zur Konkurrenz, ist verbaut.

Doch auch ohne Schreibbefehl ist das Leben des Kolumnisten schon hart genug. Denn er muß täglich seine Kolumne füllen – unabhängig von Inspiration oder Kopfschmerz, Depressionen oder schlechtem Wetter, Völlegefühl oder Ärger. Jeden Tag, den Gott gibt, erwarten Verlag, Redaktion und Leserschaft, daß dem »Eckenschreiber« etwas einfällt. Eine einigermaßen annehmbare Entschuldigung, so sagte einmal Oktay Eksi von *Hürriyet*, wären nur eine lebensbedrohliche Krankheit oder besser gleich der Tod.

Die Illusion vom Süden

Regenmetropole Istanbul

Woran erkennt man einen Auslandskorrespondenten? Den Redakteuren in den Heimatredaktionen fällt die Antwort auf diese Frage meist sehr leicht: Wenn der Dienstort des Korrespondenten südlich des Alpenhauptkammes liegt, verbringt er seine Tage damit, unter Palmen an einem Pool zu liegen und sich von einem dunkelhäutigen Knecht abwechselnd Depeschen und Longdrinks reichen zu lassen. Einmal in der Woche kontaktiert er die Kollegen in der Redaktion, um ihnen ein Thema auszureden, das er bearbeiten sollte. Wenn er nicht gestört werden will, begibt er sich auf Recherche – soll heißen: er vertauscht den Pool mit einer Bar.

Soweit das verbreitete Standardbild, von dem es allerdings geringfügige geographische Abweichungen gibt. Beim Südostasien-Korrespondenten beispielsweise tritt an die Stelle des dunkelhäutigen Knechtes gerne mal eine Magd, und die Kollegen in Brüssel und Paris – wo Gesinde bekanntlich teuer zu stehen kommt – sind stattdessen exzellente Kenner gehobener Küche und bester Weine geworden.

Ein Spezialfall sind der Mann oder die Frau in Moskau, denen man beim besten Willen weder Palmen noch »haute cuisine« unterstellen kann. Sie halten sich stattdessen an Krimsekt und Kaviar schadlos, wobei sie ersteren bekanntlich aus Damenschuhen der Größe 41, und letzteren schon zum Frühstück mit dem Suppenlöffel verzehren. Auf Heimaturlaub erkennt man den Kreml-Astrologen im allgemeinen daran, daß er nie die Pelzmütze abnimmt – weder im Großraumbüro, noch im August.

Istanbul scheint sich auf den ersten Blick für das Standardbild von Pool und Palmen zu qualifizieren. Ein Blick in Dierckes Schulatlas zeigt, daß die Stadt nicht nur südlich von Garmisch liegt, sondern sogar einen großen Teil des italienischen Stiefels nach Norden verweist. Zudem schwingt bei der bloßen Nennung des Namens der Orient mit, und damit verbindet der fröstelnde Mitteleuropäer nicht nur schwüle (!) Haremsphantasien (also vielleicht doch eher eine Magd), sondern auch Palmen, Beduinen und Kamele – die bekanntermaßen allesamt Sonne brauchen. Schließlich und endlich kennt man die Türkei aus dem Urlaub, und in Kemer war es immer heiß, was man mit zahlreichen eigenhäutig erlittenen Sonnenbränden belegen kann.

Ein zweiter Blick in den Atlas aber würde auch zeigen, daß Istanbul an zwei Meeren liegt, die durch eine Wasserstraße miteinander verbunden sind. Mit anderen Worten: Die Stadt tendiert naturgemäß zu einer gewissen Feuchtigkeit, die es spielend mit den wässrig-kühlen Eigenschaften weniger südlich geprägter Städte wie Hamburg, London oder St. Petersburg aufnehmen kann. Denn zu Schwarzem Meer, Marmara-Meer und Bosporus gesellen sich eben gemeinhin auch noch ganz normale Niederschläge vom Balkan, wenn auch in reicher Vielfalt: Regen, Graupel, Nebel, und mitunter sogar Schnee.

Heerscharen gutgläubiger Istanbul-Touristen haben dies schmerzlich am eigenen Leib erfahren müssen. Noch im April, wenn selbst daheim im Bayerischen Wald oder in Meck-Pomm die Knospen sprießen, sieht man sie mit rotgefrorenen Knöcheln und blauen Lippen zwischen Blauer Moschee und Aya Sofya hin- und herhuschen, immer auf der Suche nach einem Täßchen heißen Apfeltees. Bemerkenswert ist allerdings, wie sie in der Not mit Plastiktüten und Regencapes aus dem Eduscho-Sonderangebot einen passablen Witterungsschutz zaubern.

Wer selbst diese Grundausrüstung nicht mitgenommen hat, dem helfen die allgegenwärtigen Istanbuler Straßenhändler, die ihr Angebot traumhaft sicher den jeweiligen Gegebenheiten anpassen. Bei Fußballspielen sind es Schals und Mützen, an staatlichen Feiertagen Nationalfahnen in verschiedenen Größen, bei gleißendem Sonnenschein – naja – Designer-Sonnenbrillen und bei Regen eben Schirme und folkloristische Kopftücher. Letztere wirken zwar ein wenig islamisch, aber sie halten trocken.

Es ist ein Phänomen, woher diese fliegenden Händler immer schon vorher zu wissen scheinen, wann und wo sich eine Verkaufschance für ihre Produkte bietet. Sogar Staus auf Schnellstraßen ahnen sie voraus, und sind dann prompt mit Snacks und Erfrischungsgetränken zur Stelle – selbst wenn das betreffende Autobahnteilstück kilometerweit von der nächsten Siedlung entfernt ist.

Beliebt im Stau ist übrigens der Vertrieb von Werkzeugkästen. Es sind nie weniger als 15 junge Männer, die – gestaffelt über 500 Staumeter – ihre identischen Schraubenschlüssel, Zangen und Hämmer feilbieten. Sie haben eine Verkaufsmethode von einer derart stillen und friedlichen Durchsetzungskraft entwickelt, daß Mahatma Gandhi vor Neid erblassen würde: Wer beim Anblick des ersten Werkzeugkastens noch höhnisch über die vermeintlich plumpe Masche lacht, der fragt sich bei Nummer fünf, ob er nicht vielleicht doch einen Werkzeugkasten braucht und kauft ihn spätestens bei Nummer zwölf. Dann hat sich der Stau auch aufgelöst.

Der Regen in Istanbul dagegen kann hartnäckiger sein, und er kommt in verschiedenen Variationen: vom Wolkenbruch mit erbsengroßen Tropfen bis zum feinen Penetranznieseln, das jedes schützende Kleidungsstück durchdringt. Da die Stadt viel gebirgiger als Stuttgart ist, verwandeln sich stille Seitenstraßen manchmal in reißende Gebirgsbäche. Dann kann es auch vorkommen, daß ärmliche *Gecekondu*-Viertel, die an pittoresken aber steilen Abhängen errichtet wurden, einfach weggespült werden. Und weil die Kanalisation die Wassermassen nicht bewältigt, quält Autofahrer an der Küstenstraße manchmal nicht zu Unrecht die Frage, ob für sie nicht schon die Schiffahrtsregeln für die Bosporus-Passage gelten.

Jammern mögen die Istanbulis über den Regen, doch insgeheim sind sie glücklich, daß es ihn gibt. Er erfüllt nämlich einen ähnlichen Zweck wie der Föhn in München – als allgemein akzeptierte Pauschalausrede. Der Vollständigkeit halber sei erwähnt, daß Istanbul auch einen eigenen Föhn besitzt: *Lodos*, den kirre machenden Südwind. Mit dem Regen allerdings kann auch er es nicht aufnehmen.

»*Yağmur yağdı, böyle oldu*«, heißt das Zauberwort: Es hat geregnet, und es ist so gekommen. Kein geringerer als der Schriftsteller Aziz Nesin hat es geprägt, und er hat damit die Herzen seiner Landsleute kollektiv davor bewahrt, zu einer Mördergrube zu werden. Der Angestellte kommt zu spät zur Arbeit, der Student verpaßt die Prüfung? Es hat geregnet, es ist so gekommen – alles klar. Der Ehemann kommt erst lange nach Mitternacht von der Arbeit nach Hause? Es hat geregnet, es mußte so kommen – jeder Verdacht wird im tiefsten Herzen versenkt. Das System funktioniert prächtig und es läßt sich trefflich ausbauen: Der Student fällt durch das Examen? Auch wenn die Logik sich zunächst nicht erschließt, aber es hat schießlich wirklich geregnet.

Schon hinter wenigen Regentropfen lassen sich die massivsten Mängel verstecken. Ob das Telephon verstummt oder der Fernsehapparat nur Schneegestöber zeigt – *yağmur yağdı*, es hat geregnet. Auch Strompannen ereignen sich vorzugsweise bei schlechtem Wetter, obschon sie mittlerweile eigentlich zu keiner Jahreszeit aus dem Alltag wegzudenken sind.

Viel lockerer geht man in Istanbul erstaunlicherweise mit dem Schnee um. Vielleicht liegt es daran, daß man ihn einfach verleugnet – und dies, obschon er jedes Jahr die Kuppeln und Minarette der alten osmanischen Hauptstadt überzuckert. Natürlich legt Schneefall die Millionenmetropole lahm – vom Flughafen bis zum Fährverkehr. Daß es nicht schlimmer kommt, liegt allerdings am recht vernünftigen Verhalten der Istanbulis: Wer es sich irgendwie leisten kann, bleibt einfach zu Hause, wenn er mehr als ein halbes Dutzend Flocken vor dem Fenster herumtaumeln sieht.

Ja, aber wird es denn nie Sommer in dieser Stadt? Das schon, aber der ist auch feucht. So feucht, daß das weltweit einheitlich vertriebene Plastikmobiliar, das sich auch in hiesigen Teestuben wie ein Pilz ausgebreitet hat, bei einer Lufttemperatur von 36 Grad wirkt, als sei es gerade mit dem Gartenschlauch abgespritzt worden. Es ist aber nur der Niederschlag der Luftfeuchtigkeit. Darüber ließe sich vieles sagen, hier aber nur eines: Für papierene Depeschen ist dieses Klima Gift. Der dunkelhäutige Knecht wird sich deshalb auf die Longdrinks beschränken müssen.

Staatsgründer in Fiberglas

Das Denkmalgeschäft hat immer Saison

Von weitem wirkt der Herr ein bißchen wie Johannes Heesters – mit Frack, lässig um die Schultern geworfenem Cape und dem Zylinder in der Rechten. Ein wenig unpassend erscheinen die bonbonrosa Flamingos zu seinen Füßen und die springenden Delphine hinter seinem Rücken. Doch beim zweiten Blick erkennt man, daß die Wasservögel aus Messing und auch die Tümmler ein Standbild sind. Letztere wurden von der turkmenischen Regierung geordert, um ein Amtsgebäude zu zieren.

Ein Denkmal – gegossen und bronziert – ist auch der Herr in der schicken Abendgarderobe: Mustafa Kemal Atatürk, der Gründer der türkischen Republik. Als *fraklı pelerinli,* mit Frack und Pelerine, ist diese Version des großen Staatsmannes im Auftragsbuch von Necati Inci vermerkt. Seine Firma in Maltepe, einem lärmenden Industrievorort auf der asiatischen Seite Istanbuls, ist seit 55 Jahren einer der größten Produzenten von Denkmälern, Büsten, Reliefs und Totenmasken des »Vaters aller Türken«.

Es ist ein krisensicheres Geschäft in einem Land, in dem auf jedem Marktplatz, auf jedem Schulhof, und vor nahezu jeder Werkshalle eine Skulptur Atatürks steht. Niemand kennt ihre genaue Anzahl, und auch Inci weiß nur, daß er seit der Übernahme der Firma von seinem Vater vor 16 Jahren 400 Großstatuen von fünf und mehr Meter Höhe hergestellt hat. »Die kleinen Büsten kann ich gar nicht mehr zählen«, meint er geringschätzig.

Dennoch ist der Markt noch lange nicht gesättigt, auch wenn Inci seine Denkmäler mittlerweile in Fiberglas pressen läßt und seitdem nur noch drei Tage für ein Monument braucht. »Fiberglas ist witterungsbeständig, bruchsicher, feuerfest, also praktisch unzerstörbar«, sagt er. Was aber, wenn einmal der letzte Winkel der Türkei mit unverwüstlichen Atatürks zugestellt sein wird? Das ficht Inci nicht an. »Person und Gedanken des Gazi reichen über die Türkei hinaus«, sagt er und wird dabei so ernst wie die sechs Totenmasken Atatürks hinter seinem Schreibtisch. »Wir haben auch jetzt schon ins Ausland geliefert.«

Nicht nur haltbar sind die Büsten dank der Fiberglastechnik, sondern auch leicht und preiswert. Nur 200 Kilogramm bringt beispielsweise ein fünf Meter hoher Atatürk in Frack oder Uniform auf die Waage, und für eine Milliarde Lira (gut 10.000 Mark) ist er auf dem Denkmalmarkt geradezu ein Schnäppchen.

Teurer werden nur neue Entwürfe, für die es noch keine Gußform gibt. Inci würde »fast jeden Kundenwunsch erfüllen«, selbst Atatürk in Badehose. »Man darf ihn nur nicht auf einem öffentlichen Platz aufstellen«, schränkt der Fiberglas-Bildhauer ein, »weil es nicht gut wäre, wenn man vor so einem Denkmal die Nationalhymne singen würde.«

Aber nicht nur den Staatsgründer fertigt die

Firma »Inci Heykel«, auch zeitgenössische Politiker werden auf Wunsch produziert. In einer Ecke von Incis Büro verstaubt ein massiger Schädel von Staatspräsident Süleyman Demirel, eine Büste des Islamistenchefs Neçmettin Erbakan wurde für eine TV-Show gebraucht, und auf dem Flachdach, gleich hinter der Regenrinne, sind die Köpfe der Oppositionspolitiker Tansu Çiller und Deniz Baykal aufgereiht – die Guillotine läßt grüßen. »Solche Leute mache ich nur«, sagt Inci gewohnt deftig, »wenn irgendwelche Arschkriecher sie bei mir bestellen, um sie ihnen dann zu schenken.«

Viel lieber bleibt er bei Atatürk, von dem sein Vater Mehmet 1942 im elterlichen Garten den ersten Kopf aus Marmor gemeisselt hat. Ein blasses Photo zeugt von dieser Tat. Auch Necati Inci hat einen Traum, und er ist seiner Verwirklichung schon recht nahe gekommen. Auf dem Schlachtfeld von Gallipolli, wo 1915 der junge Kommandeur Mustafa Kemal Pascha über die Alliierten triumphierte, soll ein Denkmal entstehen, wie es die Welt noch nicht gesehen hat: Mehr als 110 Meter hoch soll Atatürk über der Meerenge aufragen. Dieses Monument, an dessen Finanzierung sich australische und neuseeländische Kriegsgegner von einst beteiligen wollen, würde die Freiheitsstatue um 15 Meter überragen.

Für den gigantischen Atatürk indes würde Inci kein Fiberglas, sondern Beton verwenden. Das hätte den Vorteil, daß man ihn nicht so leicht stürzen könnte – eine Untat übrigens, die Necati Inci aufs schärfste mißbilligt. Es ging ihm auch nahe, als nach der Wende in Osteuropa die kommunistischen Helden von ihren Sockeln geholt wurden. »Ich weiß ja nicht, was Lenin und wie sie alle heißen, angestellt haben«, sagt Inci streng und vergißt, an seiner Zigarre zu ziehen. »Aber die Statuen, das waren doch Kunstwerke. Die darf man nicht zerstören.«

Über Nacht gebaut

Istanbul platzt aus allen Nähten

Der Weg ins Büro von Mustafa Aydın ist etwas beschwerlich. Wer den Muhtar, den Dorfvorsteher von Aşaği Dudullu besuchen will, muß zunächst auf einer schwankenden Planke eine wassergefüllte Baugrube überqueren und anschließend die nackten Betonstufen eines Rohbaues erklimmen. Dann erst gelangt man in die kleine Amtsstube mit dem obligatorischen Atatürk-Porträt, den verschlissenen Besucherstühlen und einem verstaubten Gummibaum in der Ecke.

Mustafa Aydın, den es irgendwann einmal aus der Schwarzmeerstadt Trabzon hierher auf die asiatische Seite Istanbuls verschlagen hat, ist ein kleiner, rundlicher Mann, der sich auch im Elend von Aşaği Dudullu Freundlichkeit und Humor bewahrt hat. Großen Wert legt er auf die Feststellung, daß er als unabhängiger Kandidat, als »Freund der Leute hier«, zum Muhtar gewählt wurde. Bei allen anderen Wahlen stimmt sein Viertel schon lange mehrheitlich für die Islamisten. »Andere Parteien haben hier gar keine Chance.« Mustafa Aydın spricht auch über seinen Mitarbeiterstab, und er muß herzlich über dieses Wort lachen. Denn sein »Stab« besteht aus ihm und seiner Sekretärin. Zu zweit wachen sie über das Wohlergehen ihrer 40.000 Mitbürger.

Helfen kann er ihnen allerdings nicht, denn

der Bürgermeister hat kein eigenes Budget. Probleme und Mängel, Wünsche und Anregungen kann er nur registrieren und an die vorgesetzte Dienststelle, den Bezirksbürgermeister von Ümraniye, weiterleiten. Dort aber läßt man sich viel Zeit, bevor man antwortet oder gar Geld überweist. Zum Beweis hebt Mustafa Aydın einen Computerausdruck in die Höhe, auf dem rund 100 Straßen seines Distrikts verzeichnet sind, die schon lange hätten geteert werden müssen. »In Ümraniye entscheidet man eben je nach Dringlichkeit«, sagt Aydın und seufzt. »Wir jedenfalls scheinen nie vordringlich zu sein.«

Beschwerlich mag der Weg zum Bürgermeister sein, aber er ist in gewisser Weise auch typisch für den Charakter seiner Gemeinde. Denn Mustafa Aydın ist Vorsteher eines *gecekondus*. Wörtlich übersetzt bedeutet dieser türkische Begriff »über Nacht gebaut« und bezeichnet jene wilden Siedlungen, welche die Millionenstadt am Bosporus wie Krebszellen befallen haben. Die *gecekondus*, deren Anzahl längst niemand mehr kennt, haben die einstige Bosporus-Metropole in eine Drittwelt-Megalopolis verwandelt, in eine jener explodierenden Multimillionenstädte, in denen heute ein immer größerer Teil der Menschheit existieren muß.

Aşaği Dudullu ist nicht besser und nicht schlechter als andere *gecekondus*: Beton- und Stahlgerippe halbfertiger Gebäude, daneben Lehmkaten ebenso wie propere Wohnhäuser, ein kleiner *süpermarket* und eine Teestube, liebevoll von Hand gemalte Straßenschilder, streunende Hunde, Katzen, ein paar Ziegen. Aşaği Dudullu ist bei weitem nicht so verwahrlost und elend wie ein Slum in Kairo oder Rio; es wirkt eher wie ein ostanatolisches Dorf, das es mit Haus und Hof, Kind und Kegel 1.500 Kilometer weit nach Westen verschlagen hat.

Aber die *gecekondus* sind keine ländlichen Idyllen, sie sind Parasiten, die Istanbul die Luft abschnüren und das Wasser abzapfen. Für schätzungsweise sieben Millionen Menschen ist die Infrastruktur der Stadt angelegt. Aber heute leben schon 13 bis 14 Millionen zwischen Marmara-Meer und Schwarzem Meer, und jedes Jahr kommen aus Anatolien 400.000 neue Zuwanderer dazu.

Es war also recht passend, daß die Vereinten Nationen ihre Großkonferenz Habitat II, in der das Problem der Verstädterung erörtert wurde, nach Istanbul verlegten. Die rund 13.000 Minister, Diplomaten, Bürgermeister und Wissenschaftler hätten kaum einen besseren Ort finden können. »Schon auf dem Weg vom Flughafen ins Hotel werden die Delegierten vom Taxi aus 50 Prozent all jener Probleme mit eigenen Augen sehen, die auf der Tagesordnung stehen«, prophezeite Oktay Ekinci. »Verkehr, Schwarzbauten, Luftverschmutzung. Den Rest zeigen wir ihnen bei einer kleinen Stadtrundfahrt.« Ekinci ist Redakteur der Tageszeitung *Cumhuriyet* und hat sich sein Leben lang mit seiner Heimatstadt Istanbul beschäftigt. Außerdem gehört er einer unabhängigen Kommission an, die teils kühne, teils aberwitzige Lösungsvorschläge für die Stadt entwickelt. Allerdings wurde noch keiner verwirklicht, schon gar nicht der Plan, allen Bürgern, die illegal Häuser bauen lassen oder diese bewohnen, das Wahlrecht zu entziehen.

Das Grundproblem Istanbuls ist nach Überzeugung Ekincis der unkontrollierte Zustrom aus Anatolien. »Daraus ergeben sich all die anderen Probleme, der Bau illegaler Siedlungen, die daraus resultierenden ökologischen Probleme und schließlich die Kriminalisierung der Demokratie durch Grundstücksspekulanten unter den Politikern.« Rund 90 Prozent aller neu errichteten Gebäude Istanbuls sind nach Schätzung des Redakteurs ohne Baugenehmigung errichtet worden. Sogar 15 der insgesamt 26 Bezirksrathäuser seien Schwarzbauten. Ekincis Schlußfolgerung: »Ganz Istanbul ist eine illegale Stadt geworden.« Vor allem ist Istanbul eine Stadt, die buchstäblich in die Breite geht, weil die Meere im Norden und im Süden der Ausdehnung in diese Richtungen einen Riegel vorschieben.

An ausladende Dimensionen ist die Stadt allerdings gewöhnt. Schon ihr Gründer, der römische Kaiser Konstantin, plante in großem Maßstab. Persönlich schritt er an jenem, von Astrologen als besonders günstig berechneten, 3. November 328 weiträumig die Grenzen seiner künftigen Hauptstadt Konstantinopel ab. Die ungläubig staunenden Würdenträger, die ihn auf seinem Weg bremsen wollten, beschied er mit den Worten: »Ich werde solange weitergehen, bis derjenige, der vor mir hergeht, mich innehalten heißt.« Heute gebietet niemand mehr Einhalt, heute gibt es noch nicht einmal einen Plan für die Stadtentwicklung. Wie

Metastasen fressen sich die *gecekondus* nach Osten und nach Westen vor, wo Istanbuls letzte Waldgebiete und Wasserreserven liegen. Anders als in anderen Millionenstädten liegen die Elendsquartiere nicht nur abgeschieden am Stadtrand. In Istanbul leben Arm und Reich oft Wand an Wand.

In Büyükdere beispielsweise, einem noblen Vorort am nördlichen Bosporus, trennt nur eine Mauer eine der teuersten Villensiedlungen von einem der ärmsten *gecekondus*. Im Winter ist dann der begehrte Blick auf die Meerenge oft verhangen, weil die Menschen im Armenviertel Müll als Heizmaterial verbrennen. Indes: Es ist im allgemeinen nur eine Frage der Zeit, bis die *gecekondus* legalisiert werden und den Status von *mahalles* erhalten, den klassischen Istanbuler Stadtvierteln.

Wieviele es davon heute gibt, weiß niemand genau; die Schätzungen pendeln zwischen 500 und 1.000. Meist schon fünf, sechs Jahre nach dem Bau der ersten Häuser läßt die jeweilige Bezirksverwaltung Strom, Wasser und Kanalisation verlegen. In Aşaği Dudullu gibt es mittlerweile sogar einen Immobilienmakler. Ganz nebenbei steigen so auch die Grundstückspreise. Damit ist jedermann gedient, den armen Zuwanderern aus Anatolien ebenso wie den Grundbesitzern in Istanbul. Schließlich dürfen sich die Bürokraten in den Bezirksverwaltungen dann noch einen hübschen Namen für das neue Viertel ausdenken – *Altınsehir* etwa, die Goldstadt, oder gar *Cennet Evleri*, Paradieshäuser. Meist gilt: Je häßlicher der Bezirk, desto blumiger der Name.

Huzur Sitesi läßt sich frei am besten mit »Stadt

der heiteren Gelassenheit« übersetzen. Seit einem halben Jahr lebt hier Yavuz. Er ist aus einem Dorf in der nordanatolischen Provinz Kastamonu nach Istanbul gekommen, weil es dort, wie er sagt, »keinen Job, keine Chance, keine Zukunft« gegeben habe. In Huzur Sitesi aber hätten schon zwei Onkel und eine Cousine gelebt, und überhaupt stamme jeder Dritte im *gecekondu* aus Kastamonu. Man kennt sich, man spricht weiterhin den vertrauten Dialekt, es ist Heimat in der Fremde. Arbeit hat er auch schon, als Kellner in einem der beiden Kaffeehäuser von Huzur Sitesi.

Armut, Arbeitslosigkeit und Aussichtslosigkeit – das sind seit jeher die Gründe für die Abwanderung aus Anatolien gewesen. »Die Mutigen sind früher gleich nach Deutschland gegangen, die anderen haben es nur bis Istanbul geschafft«, sagt Mustafa Aydın, der Muhtar. Und Oktay Ekinci, der Journalist, ergänzt: »Das Problem lag darin, daß nur in der Westtürkei investiert wurde; mit anderen Worten: die Arbeit war im Westen, die Arbeiter im Osten – das ist die Grundlage für das ganze Übel.«

Indes, es gibt noch andere Ursachen, über die man allerdings lieber nur hinter vorgehaltener Hand spricht: den Krieg gegen die separatistische Arbeiterpartei Kurdistans (PKK), der Zigtausende von Kurden aus ihrer Heimat in die Großstädte im Westen treibt. Beim Namen nennt man die Kurden nur ungern. In Huzur Sitesi spricht man von den Leuten aus Tunceli, wenn man sie meint. Sie haben ihr eigenes Kaffeehaus, und ihretwegen ist auch die *Jandarma*, die paramilitärische Polizeitruppe, im *gecekondu* präsent. »Die haben hier illegal eine kommunistische Parteizelle gegründet«, sagt Feldwebel Ibrahim Demircioğlu. »Außerdem beschmieren sie jede Nacht die Wände mit Parolen.«

Von der UNO-Konferenz hatte auch Yavuz gehört. Er ist allerdings der festen Überzeugung, daß Habitat II nicht mit ihm, seinem *gecekondu* und der unaufhaltsamen Migration aus Anatolien zu tun habe. »Von diesen Leuten wird wohl keiner zu uns herüberkommen«, sagt er mit Blick auf die Delegierten. »Denn die diskutieren sowieso nur die Probleme von Taksim, Beyoğlu oder Maçka.« Diese Viertel in der Innenstadt von Istanbul hat Yavuz ohnehin noch nie gesehen. Seine Welt ist Huzur Sitesi, die Stadt der heiteren Gelassenheit. Vor kurzem hat er übrigens an seinen Bruder nach Hause geschrieben. Ob er mit seiner Familie nicht endlich nach Istanbul kommen wolle. Ein Haus wäre schon fertig.

Grüne Liebe und fromme Romanzen

Die Welt der islamischen Liebesromane

»Whiskey«, meinte die junge Dame schnippisch, »Whiskey trinken wir bei uns zu Hause wie andere Leute *Ayran*.« Ihr Begleiter vernahm's mit heller Freude. Auch er, so beteuerte er, könne dem türkischen Yoghurtgetränk nur sehr wenig, Hochprozentigem dagegen sehr viel abgewinnen. »Übrigens«, fügte er nach einer bedeutungsschwangeren Pause hinzu, »Sie haben eine wunderschöne Stimme, wollen Sie nicht in meinem Nachtclub singen?«

Doch dazu kam es dann nicht mehr, weil der Bourbon-Freund kein Herr war und die Frau vergewaltigte, die sich so leichtfertig zu ihm ins Auto gesetzt hatte. Der Ehre beraubt, bleibt dem Mädchen nur ein Ausweg: Es streckt den Vergewaltiger mit dessen eigener Pistole nieder und flüchtet schluchzend nach Hause, wo es sich dem Vater anvertraut.

Geschichten wie diese schreibt nicht einmal in der Türkei das Leben; sie entspringen eher einer leicht verdrehten und überhitzten Vorstellungskraft. Ihrem Erfolg tut das keinen Abbruch: Zwischen Bosporus und Ararat werden derartige Räuberpistolen von einer unaufhörlich anschwellenden Gemeinde von Lesern verschlungen. Mit der von Alkohol, Gewalt und Sex geschwängerten Szene etwa beginnt der Roman *Wenn die Blüten dürsten* von Ahmet Günbay Yıldız. An dem

Buch wäre nichts weiter zu bemerken, außer, daß es ebenso kitschig wie schlecht ist, wäre da nicht eine Besonderheit: Günbay Yıldız schreibt islamische Liebesromane.

Er ist der mit Abstand erfolgreichste Autor eines Genres, das in der Verlagsmetropole Istanbul beheimatet ist und in der Türkei in den letzten Jahren alle Bestseller-Rekorde gebrochen hat. Seine 15 Bücher mit meist der Botanik entlehnten Titeln wie *Äste voller Früchte, Verbranntes Getreide* oder *Meine Knospen öffnen sich im Feuer* wurden in den letzten 19 Jahren sensationelle 160 Mal aufgelegt. Wenn man bedenkt, daß eine Auflage in der Türkei im Schnitt bei mageren 5000 Exemplaren liegt, dann läßt Yıldız selbst die Giganten der türkischen Literatur um Lichtjahre hinter sich.

Nur gemerkt hat es bislang niemand – außer den Lesern und vor allem Leserinnen in den Dörfern, Kleinstädten und *Gecekondu*-Vierteln der Metropolen. Unbeachtet von der säkularen Öffentlichkeit, von Buchmessen, Buchkritikern und Buchbeilagen der renommierten Zeitungen haben sich immer mehr Schriftsteller und Schriftstellerinnen etabliert, welche die reine, keusche, muslimische Liebe zwischen Mann und Frau beschreiben. Das Phänomen hat einen Namen: *Yeşil Aşk* – grüne Liebe, nach der Farbe des Propheten und des Islam.

Eine Untersuchung der neuartigen belletristischen Erscheinung fördert ungewöhnliche Einzelheiten zutage. So weiß Star-Autor Yıldız eigentlich gar nicht, worüber er schreibt. Denn nach eigenem Eingeständnis war er selbst noch nie in seinem Leben verliebt. Aber das ist ihm nicht weiter wichtig, schreibt er doch gegen den »moralischen Tiefflug der Gesellschaft« an, will er der Jugend wieder »sittliche Marksteine« setzen, damit sie nicht schnurstracks in den Abgrund rennt. Die Elemente der Liebe sind ihm dabei nur der Zuckerguß, mit dem er seine Leser anlockt.

Nebenbei beleuchtet er Tragödien, wie sie manchmal wirklich nur das Leben schreiben kann. In *Meine Knospen öffnen sich im Feuer* etwa verliebt sich die jugendliche Heldin, eine Studentin, in ihren verheirateten Professor. »Du bist der Frühling, ich der Herbst«, wendet der ein, und deshalb sucht das Mädchen bei Papa Rat: »Du hast eine schwere Aufgabe«, sagt sie, »ich habe meinen Professor und seine Frau auseinandergebracht. Renke das bitte wieder ein.« Schwups, zieht der alte Herr ein Photo aus der Tasche. Ein frommer Jüngling ist's, den seine Tochter einst abgewiesen und – wie könnte es anders sein – angeschossen hatte. Allein, der junge Mann ist nicht nachtragend und wartet noch immer auf die zielsichere Angebetete. Denn geschossen wird viel bei Yıldız und seinen Kollegen. Wenn schon die »grüne Liebe« keusch und langweilig ist, kann ein wenig Action nicht schaden.

Körbeweise, sagt Yıldız, erhält er Fanpost, vor allem von Leserinnen, die sein Photo haben möchten. Sie alle bestätigen ihm, daß er mit seinen Büchern richtig liegt. »Daß Jungen und Mädchen Hand in Hand spazieren gehen, oder andere unsittliche Passagen, gibt es bei mir nicht«, betont er dezidiert. Ohnehin sei praktische

Sexualaufklärung eigentlich total überflüssig: »Man sagt auch keinem Lämmchen, was es tun muß; gleich nach der Geburt findet es die Zitzen der Mutter von selbst. So ist auch der Sex im Menschen drin, jeder weiß, wie es geht.«

»Unanständige Leidenschaften sind keine Liebe«, meint auch Şule Yüksel Şenler. Sie ist gleichsam die Urmutter des islamischen Liebesromans, seit sie im Jahr 1968 die *Straße der Gelassenheit* publizierte. Der Roman hat mittlerweile die siebzigste Auflage erreicht und viele Muslim-Romanciers inspiriert. »Ich wollte nicht, daß islamische Jugendliche wie Mönche und Nonnen leben«, erklärt sie ihren Entschluß, zur Feder zu greifen. »Damals brauchte man dazu Mut, weil alle Liebesbeziehungen in islamischen Kreisen verpönt waren. Aber sollen junge Menschen denn nichts von der richtigen, der sauberen Liebe lernen?«

Freilich schleicht sich oft genug auch die vermeintlich falsche, schmutzige Liebe ins Manuskript – schließlich denkt auch der frömmste Muslim-Autor an Auflage und Kontostand. Entweder kommt die fleischliche Lust als grobschlächtige Anmache vor (»Na, du weißt doch, was ich meine!«), oder als Ausfluß der Phantasie verklemmter Islamisten jedweden Geschlechts. In ihrer Vorstellungswelt ist jeder nicht-religiöse Mann ein *Rakı*-trunkener geiler Bock, und jede unverschleierte Frau eine mannstolle Nymphomanin. Und sollte eine Frau sich so weit vergessen, daß sie sich vor der Hochzeit einem Mann hingibt, dann hat der islamische Topautor Yıldız für sie das Bild vom Kleid aus dem Second-Hand-Shop geprägt. Gebraucht eben.

Einen Mittelkurs fährt Ismail Fatih Ceylan, der seine Romane, Gedichte, Kolumnen und Kurzgeschichten unter verschiedenen Pseudonymen schreibt. Vielleicht liegt es daran, daß er Gabriel Garcia Marquez, Umberto Eco und Fjodor Dostojewskij zu seinen Vorbildern zählt; jedenfalls versteigt er sich zu der in Islamistenkreisen schier ungeheuerlichen Behauptung, daß man sich auch in einen Körper verlieben kann.

Natürlich hat die Branche auch ihr Phantom, gleichsam den B. Traven des islamischen Liebesromans. Anders als der vielschreibende Abenteuer-Autor hat der Unbekannte unter dem Pseudonym Zeki Saydam allerdings nur ein einziges Buch veröffentlicht – *Makber Gülü*, die »Rose von Makber«. Das war 1970, doch bis heute hat Verleger Selahattin Ates seinen Autor nie zu Gesicht bekommen. Wahrscheinlich ist das auch gut so, denn Zeki Bey ist im Kollegenkreis nicht unumstritten: Er gilt als der Pornograph der islamischen Belletristik.

Tatsächlich gibt es bei ihm Liebende, die »vor Aufregung beben«. Da werden Hände nicht nur berührt, sondern gestreichelt, und Romanheld Fevzi versucht die Freundin geradezu metaphysisch einzuwickeln: »Dein Körper ist doch nicht wichtiger als unsere Liebe; die Liebende sollte sich mit ihrem ganzen Sein hingeben.« Wer einmal Sex genossen habe, flüstert ihr Fevzi weiter ins Ohr, der würde »immer wieder von alleine darauf zurückkommen wollen«. Allemal besser, als »zu Hause zu sitzen und zur alten Jungfer zu werden«. Manchmal erreicht sein Text sogar verruchtes westliches Niveau: »Ab und zu bückte ich mich, um ihre Beine zu betrachten. Bis zum Slip konnte ich alles sehen. Beine, sage ich, Beine! Wie ein Schluck Wasser für einen Dürstenden.«

Starker Tobak, der sicherlich eine zarte Röte auf die Wangen jener Fundi-Frauen in den Armenvierteln treibt, die in ihrem Leben nur vier Arten von Mann kennenlernen: Vater, Bruder, Mann und Sohn. Doch wenn es ernst wird, läßt auch der freche Autor Zeki Saydam die Moschee im Dorf und die Frau zu Hause und kommt bei aller Poesie knallhart aufs Wesentliche zurück: »Die Jungfräulichkeit eines Mädchens ist kurzlebig wie eine Frühlingsrose im Garten. Die Familie muß die Rose schützen, denn wenn sie alleinsteht, werden alle Vögel an ihr herumzupfen wollen.«

Der Heldin von Yıldız' Roman *Wenn die Blüten dürsten,* wird das nicht mehr widerfahren. Sie hat ihre Lektion gelernt. Nachdem sie ihrem Vater Vergewaltigung und Mord gebeichtet hatte, wirft der die Ehrlose auf die Straße. Zum Glück trifft sie auf einer Parkbank eine ältere, muslimisch-verschleierte Frau, die sie bei sich aufnimmt. Sie zeigt ihr den Weg zum Heil und zu einem unbescholtenen, anständigen islamischen Ehemann. Und wenn sie nicht gestorben sind, dann leben sie noch heute.

Wenn es Nacht wird in Istanbul

Bauchtanz und Musik

Calkowski hat keinen besonders guten Abend. Seit drei Stunden drückt er sich nun schon in den Hausecken herum, den Kragen des guten Nadelstreifenjacketts gegen den eisigen Nieselregen hochgestellt, und den abgegriffenen Geigenkasten in den klammen Fingern. »Falsche Jahreszeit«, sagt er, und trotzdem geht dabei ein Lächeln über sein Gesicht, das Kälte und Nässe einfach verdunsten läßt. »Wer kommt schon während dieser Jahreszeit nach Kumkapı, außer uns, die wir hier spielen müssen.«

Viele Gäste haben sich heute abend wirklich nicht nach Kumkapı verlaufen, wo die Fischrestaurants keine türkischen Namen tragen, sondern »Afrodid«, »Lipsos« und »Olympia« heißen, und die Absteigen »Paradis« und »Red Rose«. Die Monate März und April sind einfach noch zu kalt und zu regnerisch für Istanbuls ältestes und beliebtestes Vergnügungsviertel, das sich gleich hinter der Bahnlinie im Schatten der alten Stadtmauer längs des Marmara-Meeres duckt.

Hinzu kommt noch, daß bei vielen Istanbulis wegen Inflation und Wirtschaftskrise das Geld nicht mehr so locker sitzt wie früher. Diejenigen, die zwar noch zum Fisch-Essen nach Kumkapı kommen, haben dann oft keine Lira mehr übrig für Musik und Bauchtanz. Es sind harte Zeiten, die erst dann ein wenig besser zu werden versprechen, wenn im Sommer wieder die Touristen einfallen und sich vorführen lassen, was sie für »typisch türkisch« halten: Bauchtanz.

Calkowski lebt von Musik und Tanz – nicht im übertragenen, sondern in einem sehr konkreten, alltäglichen Verständnis. Mit bürgerlichem Namen – wenn man seine Existenz als bürgerlich bezeichnen kann – heißt er eigentlich Aliman Calkan. Den slawischen Spitznamen haben ihm russische Touristen verpaßt, weil er die Schnulze von den »Schwarzen Augen« so hinreißend traurig zu fiedeln versteht. »Taa, taa, taaaah – ta, taa, taa, taaaah-ta«, singt Calkan und grinst dabei frech. »Noten brauche ich keine, einmal gehört, schon gespielt.« Ob »Schwarze Augen« oder »Moskauer Nächte« – das Repertoire wurde in den letzten Jahren durch russisches Liedgut erheblich bereichert. Unter den Bögen, Fingern und Lippen von Calkan und seinen Kollegen nimmt es allerdings rasch eine ebenso unverkennbar türkische Färbung an, wie der unverwüstliche Lambada, den deutsche Reisegruppen unverdrossen noch immer bestellen.

Aliman Calkan gehört zum Volk der Roma. Er und seine Landsleute spielen schon seit Generationen in Kumkapı auf: mit Geige, Klarinette, Tamburin und Trommel, den klassischen Instrumenten der alten türkischen Palastmusik. Diese Musik ist trotz – oder vielleicht gerade wegen – ihres langjährigen Verbots durch die Republik Mustafa Kemal Atatürks ungebrochen beliebt bei Türken aller Generationen. Ein wenig erinnert sie an den Jazz, denn auch hier wird improvisiert, gibt ein Instrument ein Thema vor, dem die anderen dann folgen.

Abend für Abend kommen die Musiker nach Kumkapı und warten auf Abruf vor den hell erleuchteten Fenstern der Restaurants, bis ein Gast – so ganz nach Art des allmächtigen Padischah – mit den Fingern schnippt und in alkoholseliger Geberlaune nach Musik und Tanz verlangt. »Nur wenn es wirklich sehr schleppend läuft, dann schicken wir auch schon mal einen von unseren Leuten rein, um die Gäste weichzuklopfen«, lacht Calkan.

Die Roma haben gleichsam ein Monopol auf die populäre Musik in Istanbul. Und auch der Bauchtanz, der seit einigen Jahren nicht mehr bei seinem türkischen Namen *göbek dansı* sondern ein wenig verschämt *»oryantal dans«* genannt wird, wird ausschließlich von Roma-Mädchen vorgeführt. In Kumkapı beginnt die Karriere jeder Tänzerin, und für die meisten endet sie auch hier. Denn nur wenige schaffen den Sprung in die schicken und teuren Casinos rund um den Taksim-Platz droben im modernen Stadtteil Beyoğlu, der Welten von Kumkapı entfernt zu sein scheint. International haben inzwischen ohnehin Europäerinnen und Nord-Amerikanerinnen alle Posten untereinander aufgeteilt.

Nur eine, die größte Tänzerin, ist nie in Kumkapı aufgetreten. »Sibel Can kommt heute nur manchmal zum Essen hierher, getanzt hat sie hier nie«, beteuert Necdet Durgun. Der Violin-Virtuose, der früher im Fernsehen eine Show hatte und zahlreiche Kassetten aufgenommen hat, gehört zu den ungezählten Verehrern Sibels. Tanzen tut sie schon lange nicht mehr, sie ist auch ein bißchen zu sehr in die Breite gegangen. Ihren Namen hat sie sich als Sängerin und Sex-Symbol gemacht: Ihr Photo hängt wahrscheinlich im Spind jedes einzelnen der 1,2 Millionen türkischen Soldaten.

Anders als etwa in Ägypten, wo es große, alte und hochgeehrte Damen des Bauchtanzes gibt, ist diese Kunst in der Türkei immer leicht anrüchig geblieben. Alle sehen gern zu, aber keiner will ihn erfunden haben. Für die Türken ist der Bauchtanz eine arabische Marotte; die Araber sind überzeugt davon, daß ihn die osmanischen Kolonialisten eingeschleppt haben. In Wirklichkeit stammt der Tanz vermutlich sowieso aus Indien.

Wenn Kumkapı die Bühne der Bauchtänzerinnen ist, dann muß Sulukule ihre Schule und ihr Probenraum sein. In diesem Viertel, das gleich hinter den zerbröckelnden Resten der 1500 Jahre alten Konstantinopler Stadtmauer errichtet wurde, sind die musisch begabten Roma zu Hause – seit mehr als einem halben Jahrtausend. Kein geringerer als der osmanische Eroberersultan Fatih Mehmet hatte sie hier angesiedelt. In Sulukule war der Bezwinger Konstantinopels an jenem denkwürdigen Dienstagmorgen im Mai des Jahres 1453 auf einem Schimmel in die gefallene Stadt eingeritten, woran heute eine Marmortafel erinnert. Ausgerechnet hier hatte er den Musikern, Bänkelsängern, Tänzerinnen, Bärenführern und Wahrsagerinnen ihr Quartier zugewiesen. Der Padischah hatte sie aus den balkanischen Provinzen seines Reiches zur »Erheiterung« der Bewohner seiner neuen Hauptstadt gerufen. Zur Erinnerung an ihren hochherrschaftlichen Gönner nennen die Roma den Stadtteil noch immer *Sultan Mahallesi* – Viertel des Sultans.

Wer früher richtig einen draufmachen wollte, der ging gleich nach Sulukule und nicht erst nach Kumkapı. Kneipen oder Restaurants im eigentlichen Sinn gab und gibt es hier zwar nicht. Für zahlende Gäste floß dafür hinter jeder beliebigen Haustür der *Rakı* in Strömen, wurde gegessen, musiziert und getanzt bis in den grauen Morgen. Für viele – männliche – Türken war eine Nacht in Sulukule der Inbegriff eines gelungenen Abends – solange, bis die Polizei dem Treiben einen Riegel vorschob. Sie kontrolliert nun, wer nachts die engen Gassen des Viertels betritt. Schon zuvor hatten Rauschgift, Razzien und Randale die seriösere Kundschaft verschreckt.

Auch Handan ist in Sulukule groß geworden, in einem jener windschiefen Häuschen, die aus den Quadern der anderthalb Jahrtausende alten Stadtmauer und ein wenig Wellblech zusammengezimmert wurden. »Ich habe schon als kleines Mädchen eine Kassette in den Recorder gelegt und vor dem Spiegel getanzt«, erinnert sich die 22jährige, die zum ersten Mal mit elf Jahren aufgetreten ist. »Ich habe immer die wunderschönen Kostüme bewundert, und ich habe gewußt, eines Tages wirst du auch tanzen.«

Nun ja, das Kostüm. Für ihren Auftritt trägt

Handan untenrum ein paar Perlenschnüre und oben ein Top, das gar nicht vorgibt, bändigen zu wollen, was es umschließt. Zum Glück sind ein paar Riemen und Träger vorhanden, denn irgendwo muß der männliche Zuschauer ja seine Banknoten an die Frau bringen, wenn er seine Befriedigung über die Darstellung zeigen will. »Darum tanze ich ungern für Türken«, empört sich Handan. »Den Geldschein sehen sie als Freifahrkarte für ihre Hände, sie grapschen dich einfach überall ab.« Ganz anders die Europäer. »Die gaffen dich nur an, aber auch das mit schlechtem Gewissen. Die werden von ihren Frauen gut in Zaum gehalten.«

Mehr als Anfassen ist aber auch türkischen Kunden grundsätzlich nicht gestattet. »Die Mädchen sind alle Jungfrauen, sie sind ungemein schüchtern und keusch, auch wenn sie nur einen einzigen Stoffetzen am Leib tragen«, sagt Müjdat Sezen. Er ist selbst Roma und schreibt für die seriöse Tageszeitung *Cumhuriyet* regelmäßig über kulturelle Themen. »Außerdem ist immer ein männliches Mitglied der Familie dabei, das auf sie aufpaßt.« »Wir würden es zwar nicht gern sehen, wenn unsere Söhne eine Bauchtänzerin heiraten würden, und auch unseren eigenen Töchtern würden wir das Tanzen nie erlauben«, bekräftigt Necdet Durun. »Aber wir achten die Tänzerinnen.«

Handan jedenfalls hat er begrüßt, wie es einer Dame geziemt, und während ihres gesamten Auftritts gelingt es »Violin Necdet«, »Klarinet Yaşar« und den anderen Musikern, ihre Augen angestrengt irgendwohin, aber nicht auf die rollenden Hüften und das pulsierende Abdomen der Tänzerin zu richten. »Die Mädchen verdienen hier nur ihr Brot«, ergänzt Yaşar mit der Klarinette. »Ihr Dienst beginnt um acht Uhr abends. Um elf, spätestens um zwölf sind sie wieder zu Hause.« Es klingt ein bißchen wie Schichtdienst bei Post oder Bahn.

Handan will allerdings bald mit dem Tanzen aufhören und heiraten, obwohl sie ein richtiger Star ist in Kumkapı. Aber eigentlich ist sie auch fast schon zu alt. Die meisten Mädchen heiraten mit 19, 20 Jahren, wenn sie genug Geld zusammengespart haben. »Eine Wohnung, ein Auto und eine komplette Aussteuer sollte das Mädchen schon haben, wenn es die Ehe schließt«, sagt Necdet. »Fast alle sparen sich auch soviel zusammen.« Ein bißchen Neid schwingt bei diesen Worten mit, denn der Musikant weiß, daß die Tänzerinnen mehr verdienen als er, wesentlich mehr. Handan jedenfalls überschlägt, daß sie so an die umgerechnet 150 bis 300 Mark an einem guten Abend nach Hause bringt. Das ist so viel, wie ein kleinerer Beamter im Monat verdient.

Eine Frau wie Handan ist also eine gute Partie. »Ja, natürlich«, sagt sie, und fügt ein wenig genießerisch hinzu: »Die Männer stehen schon Schlange.« Ums Geld gehe es denen aber nicht. »Sie lieben mein schönes Gesicht.« Und noch etwas weiß sie ganz genau: Falls sie eine Tochter haben wird, dann darf die nicht tanzen. »Ich mag es schon selber nicht, wenn mich fremde Männer befummeln. Ich würde sterben, wenn man dies mit meiner Tochter machen würde.« Bleibt nur zu hoffen, daß die Kleine keinen Kassettenrecorder und einen großen Spiegel kriegt.

Kanarienvögel gegen Adler und Löwen

Nationalsport Fußball

Das Leben eines Korrespondenten ist zwar so aufregend wieder nicht, aber andererseits auch nie richtig langweilig. Das liegt wohl nicht zuletzt daran, daß er sich irgendwie verantwortlich fühlt für sein Gastland, Premier und Präsident unablässig auf die Finger sieht, und stets auf das Schlimmste gefaßt sein muß: Putsch, Bürgerkrieg, Erdbeben, Revolution oder ein Besuch des Herrn Bundeskanzlers mit Bonner Kollegen im Schlepp.

Als in Istanbul das letzte Mal der Bürgerkrieg ausbrach, geschah dies zum Glück nach Redaktionsschluß und zudem an einem Samstag, wo keine Zeitung produziert wird. Gleichwohl war Aufmerksamkeit geboten, denn in allen Stadtteilen wurde plötzlich wie wild aus Handfeuerwaffen geschossen. Sogar der Polizist, der schräg gegenüber die Villa des Starkommentators von *Hürriyet* bewacht, entsicherte seine Dienstpistole, zielte ins Dunkle (gottlob nach oben) und drückte mehrmals ab.

Wie gesagt, es war Samstagabend, und somit blieb genügend Zeit zur Recherche. Sie ergab, daß sich in der Tat etwas Gewaltiges ereignet hatte, daß die Nation Zeuge einer geradezu historischen Umwälzung geworden war: *Fenerbahçe* war soeben zum 14. Mal türkischer Fußballmeister geworden, und das Freudenfeuer aus scharfen Waffen gehört nun mal zum obligatorischen Siegesritual – nicht nur bei *Fener*-Anhängern. Selbst die Polizei sieht über das gemeingefährliche Feuerwerk hinweg, findet man doch auch in ihren Reihen bewaffnete Fußballfans.

Es gibt zwei Dinge, die ein Türke wider alle Vernunft bis zur Selbstaufgabe verteidigen würde: Seine Nation und seinen Fußballclub. Dabei kann in Zeiten wichtiger Cupspiele die Reihenfolge für kurze Zeit vertauscht werden. »Glücklich ist, wer sich Türke nennen kann«, befand zwar Staatsgründer Atatürk. Aber was ist dieses Gefühl schon gegen den ekstatischen Taumel, wenn der eigene Club die Meisterschale geholt hat. Atatürk bildete da übrigens keine Ausnahme: Wenn es um Fußball ging, hielt der »Vater der Türken« nur seinem Verein, *Fenerbahçe,* die Treue. »Sein größtes Verdienst«, heißt es dazu bei Fener. »Sein einziger Fehler«, seufzen Kemalisten mit anderer Vereinsloyalität.

Die Antwort auf die Frage, welchen Verein er unterstützt, hat für den türkischen Mann das Gewicht eines Glaubensbekenntnisses. Die Loyalität deutscher Fans selbst zu Clubs wie *Schalke* oder *St. Pauli* ist oberflächlich und launenhaft im Vergleich zur lebenslangen Treue, die *Beşiktaş, Galatasaray* oder *Trabzonspor* entgegengebracht wird. Meterlange Transparente mit Aufschriften wie »Du bist mein *Beşiktaş,* meine einzige Liebe«, gelten dabei als eher spröde und unverbindliche Liebeserklärung.

Ohne einen Club gilt ein türkischer Mann

(Frauen genießen vorläufig noch Nachsicht) nicht als vollwertig. Er mag keine politische Partei unterstützen (was bei deren Farblosigkeit kein Wunder ist), er mag keine pointierte Meinung zu Religion oder Säkularismus haben (was bei der erhitzten politischen Atmosphäre zu empfehlen ist), aber er braucht eine fußballerische Identität. Sich zu ihr zu bekennen ist keine Schande, und es wurden schon höchste Regierungsbeamte krakeelend und mit einer mannshohen Vereinsfahne in den Fäusten auf der Straße gesichtet.

In solchen Kreisen kommt man wenigstens verhältnismäßig problemlos an die Eintrittskarten. Das opferbereite Fußvolk dagegen muß vor Spitzenspielen schon einmal die Nacht auf der Straße, und anschließend noch einmal acht Stunden bis zum ersehnten Anstoß im Stadion verbringen. Man erträgt es ohne Murren. Es hat sich auch noch niemand richtig darüber beschwert, daß an den Stadiontoren alles eingesammelt wird, was auch nur entfernt als Wurfobjekt gelten kann – bis hin zu Bleistiften und Kleingeld. Daß die Vorsichtsmaßnahme einen Grund hatte, wurde bei einem Meisterschaftsspiel ersichtlich, als der Trainer einer der beiden Mannschaften an der Außenlinie wie vom Blitz getroffen zusammenbrach. Er war von irgendeinem Gegenstand am Rücken getroffen worden. Leider ließ sich nie feststellen, worum es sich bei diesem Gegenstand gehandelt hat.

Tatsächlich haben sich bislang nur sauertöpfische türkische Marxisten den Fußball vom Leibe gehalten. In den siebziger Jahren, als sich radikale

Linke und Rechte Straßenkämpfe lieferten, bezeichneten die Sozialisten alle Unpolitischen verächtlich als *futbolcular* – Fußballer. Sie meinten es als Schimpfwort. Lachhaft! Für die Betroffenen war es keine Schmach, sondern eine Ehre. Nebenbei hatte die Linke wieder einmal enthüllt, wie weit entfernt vom eigenen Strafraum, pardon: der eigenen Basis, sie operierte. Ganz anders die türkischen Islamisten: Sie betrachten den Fußball als ein durchaus gottgefälliges Unternehmen – vor allem dann, wenn der eigene Verein gewinnt und der Schiedsrichter seine Pfeife in Allahs Hände legt.

Fußball wird in der Türkei flächendeckend gespielt – in Hunderten von Vereinen, mehreren Ligen und bis in den hintersten Winkel Anatoliens. Doch strenggenommen gibt es nur vier Clubs, die wirklich ernstgenommen werden und sich einer leidenschaftlichen Anhängerschar rühmen können: Die Istanbuler Vereine *Beşiktaş, Galatasaray* und *Fenerbahçe* sowie *Trabzonspor* am Schwarzen Meer. Dieses Kleeblatt hat seit 1959 den Meistertitel stets untereinander ausgespielt. Kein anderer der restlichen 14 Erstliga-Clubs rückte jemals dauerhaft auch nur in die Nähe der Tabellenspitze.

Es versteht sich, daß nur die großen Vier einander als würdige Rivalen anerkennen. Dafür gehen die Animositäten denn auch tief, wobei vor allem *Fenerbahçe* in der Türkei dieselbe Rolle spielt wie Bayern München in der Bundesrepublik: als bestgehaßter Club der Liga. Vor allem die Traditionsvereine *Beşiktaş* und *Galatasaray* betrachten die Kameraden vom asiatischen Ufer

Istanbuls als neureiche Emporkömmlinge. Da muß wohl etwas dran sein, denn tatsächlich wurde Nesthäkchen *Fenerbahçe* erst 1907 gegründet – ganze vier Jahre nach *Beşiktaş*, dem ältesten türkischen Club, und immerhin noch zwei Jahre später als *Galatasaray*, das zudem einen echten Sultan zu seinen Gründungsmitgliedern zählen kann.

Seitdem gelten die rot-gelben »Löwen« von *Galatasaray* als Club der Intellektuellen und des Großbürgertums. *Beşiktaş* hingegen, die schwarzweißen »Adler«, sind der klassische Proletarierverein, für Leute mithin, »die ihr Brot aus Steinen pressen«, wie es ein *Beşiktaş*-Fan ganz ohne Übertreibung formulierte. Für *Fenerbahçe* bleibt in diesem Weltbild nicht mehr viel Platz. Was soll man auch von einem Verein halten, dessen Spieler den harmlosen Spitznamen »Kanarienvögel« tragen – und dennoch Rekordmeister vor »Adler« und »Löwen« sind.

Bei soviel Historie und Hochmut ist es verständlich, daß man im Oberhaus der höchsten Liga für reine Punktelieferanten wie *Vanspor, Kayseri* oder *Dardanel* noch nicht einmal Verachtung übrig hat. Man schickt sich eben drein, daß im Fußball gemeinhin zwei Mannschaften gegeneinander antreten, und daß eine Vierer-Liga auf Dauer langweilig werden würde. Den anderen gestattet man höchstens ab und zu den Gewinn eines der verschiedenen Cups, die parallel zur Meisterschaft jedes Jahr ausgespielt werden.

Nicht einmal Schals, Mützen oder Fahnen lassen einige der Klein-Clubs produzieren. »Das rechnet sich erst ab viertausend Käufern«, schnaubte ein Souvenirhändler vor einem Spiel der Istanbuler Mannschaft *Sarıyer* gegen *Beşiktaş*. »Soviele Anhänger kriegen die doch nie zusammen.« Tatsächlich konnte die Elf von *Sarıyer* das Häufchen der am Fuß der Südkurve versammelten eigenen Schlachtenbummler mit Handschlag einzeln begrüßen. Selbst das Stadion mußte sich der Winzling für sein Heimspiel vom Giganten *Galatasaray* ausleihen. Der eigene Bolzplatz wäre für die 30.000 mit Bus und Taxi angereisten *Beşiktaş*-Fans zu klein gewesen.

Auf eine ernste Probe wird die Liebe zum türkischen Fußball allerdings immer dann gestellt, wenn gegen eine ausländische Mannschaft gespielt wird. Denn im internationalen Vergleich schrumpfen auch die einheimischen Titanen sehr schnell zusammen. Es mag vereinzelt Glückstreffer geben, aber auch sie können nichts am Urteil jenes Experten ändern, der zu den wenigen deutschen Chefredakteuren mit Fußballverstand gehört. Er bescheinigt den Türken gerne Spielfreude und Talent. »Sie haben eigentlich nur zwei Probleme: Sie können vorne keine Tore schießen und hinten keine verhindern. Aber dazwischen spielen sie sehr schön.«

Wo Mata Hari, Victor Emmanuel und Leo Trotzki logierten

Das Pera Palace Hotel

Es ist nicht überliefert, ob der Mann schon vom Portier abgewiesen wurde, oder ob er es doch bis zur Rezeption schaffte. Sicher ist nur, daß man ihm hier, im ersten Haus am Platz, kein Zimmer geben wollte. Denn er war kein Herr, schon gar keiner von Welt, und darauf legt man im »Pera Palace Hotel« zu Istanbul mit Sicherheit stets den allergrößten Wert.

Sicher, man schrieb das Jahr 1915, und seit einem Jahr befand sich das Osmanische Reich an der Seite Deutschlands und Österreich-Ungarns im Krieg. Auch im »Pera Palace« mußte man gewisse Entbehrungen hinnehmen, Abstriche vom gewohnten Standard machen. Sogar der legendäre Orient-Express, der früher die wohlhabende Kundschaft gebracht hatte, verkehrte nur mehr sehr sporadisch, seitdem deutsche Truppen kurz nach Ausbruch des Krieges die Luxus-Waggons der im feindlichen französischen Ausland ansässigen Firma »Wagon-Lits« in der serbischen Kleinstadt Niş beschlagnahmt hatten.

Auch die Gäste waren nicht mehr dieselben wie früher. Neuerdings vermietete man sogar an alleinreisende Damen halbseidener Provenienz. Über die rassige Schönheit, beispielsweise, die sich unter dem merkwürdigen Namen Mata Hari ins Gästebuch eingetragen hatte, wurde so manches gemunkelt. Als Nackttänzerin soll sie aufgetreten sein, und zu ihren Bekanntschaften zählten dem Vernehmen nach hohe Offiziere und Militärattachés.

Irgendwo aber mußte ein Schlußstrich gezogen werden, und sei es bei diesem ungehobelten Bauernfünfer aus der anatolischen Provinz. Sein Anzug so grob wie seine Sprache, seine Fingernägel so ungepflegt wie sein Bart – ein Müller von Beruf, nein, das ging zu weit. Indes, Personal und Management hatten sich gründlich verschätzt. Der Müller hieß Anastassiadis Bodossaki und war ein steinreicher griechischer Mühlenbesitzer aus der südostanatolischen Küstenstadt Mersin. Zudem war er ein Mann rascher Entschlüsse: Als man ihm ein Zimmer verweigerte, kaufte er einfach das ganze Hotel – zu einem aberwitzig überhöhten Preis, den ihm der Direktor in der Hoffnung genannt hatte, daß er ihn abschrecken würde.

Damit war die Blütezeit eines der großen Hotels der alten Welt strenggenommen zu Ende gegangen. Zwar kamen auch noch in den folgenden Jahren Monarchen und Millionäre, Diven und Diplomaten, Schauspielerinnen und Staatsmänner in den hellgrünen Gründerzeitbau hoch über dem Ufer des Goldenen Horns. Doch die goldenen Jahre seit der Gründung des Hotels im Jahr 1892 waren unwiderruflich vorbei.

Damals las sich das Gästebuch des Hauses wie ein »Who's who« des europäischen Fin de siècle. Der ägyptische Vizekönig Abbas Hilmi ließ sich hier den *Medoc* zu 500 Piaster die Flasche ebenso munden wie der armenische Erdöl-Milliardär Calouste Gulbenkian. Auf prächtigen Redouten gaben sich höherer und niederer Adel aus Westeuropa und vom Balkan ein Stelldichein, und wenn der Scherif von Mekka, der Hüter und Verwalter der Heiligen Stätten des Islam, den Großwesir des Sultans sprechen wollte, dann war auch dafür das »Pera Palace« ein geeigneter Treffpunkt.

Das Haus befriedigte die ausgesuchten Ansprüche einer verwöhnten Klientel, die lang genug auf ein derartiges Hotel in Konstantinopel hatte warten müssen. Bis zur Mitte des 19. Jahrhunderts waren das Osmanische Reich und seine Hauptstadt Reiseziele für Abenteurer, die in Karawansereien, üblen Schenken oder gar in Zelten nächtigten. Das läßt sich trefflich bei Karl May nachlesen. Doch als 1883 die ersten Passagiere aus London, Paris und Wien nach 81stündiger Bahnfahrt mit dem Orient-Express am Bosporus eintrafen, fehlten standesgemäße Unterkünfte für die neue, verwöhnte Klientel.

Das Reiseunternehmen »Wagon-Lits« nahm die Sache selber in die Hand. In mehrjähriger Bauzeit ließ die Firma das Luxushotel errichten. Das Beste war gerade gut genug: Marmor aus Carrara, handgeknüpfte Teppiche und Technik vom Feinsten. Lange vor vergleichbaren Hotels in anderen Teilen der Welt konnte sich das »Pera Palace« brüsten, fließendes Wasser und elektrisches Licht zu besitzen. Die Fahrt in die oberen Etagen wurde mit dem ersten elektrisch betriebenen Lift der Welt zurückgelegt. Mit schwer verständlichem

Stolz rühmt sich auch das heutige Hotelmanagement, daß immer noch dieselben alten Leitungen »mit Vertrauen« benutzt werden. Vielleicht wäre Gottvertrauen der bessere Ausdruck.

Es ist reizvoll, durch die Korridore zu streifen und die Namen auf den Türen zu lesen. In Zimmer 203 etwa hatte Vittorio Emmanuele III. gewohnt, letzter König von Italien, der gegen den Willen des Parlaments im Jahr 1922 einem gewissen Benito Mussolini das Amt des Regierungschefs übertrug. Im Zimmer nebenan hatte eine Zeitlang Leo Trotzki logiert, bis er ein Haus auf einer der Prinzeninseln im Marmara-Meer gefunden hatte. Der Kampfgenosse des russischen Bolschewikenführers Wladimir Lenin war nach Stalins Machtergreifung in die Türkei exiliert worden.

Zehn Jahre später folgte ihm ein anderer ehedem führender europäischer Politiker ins »Pera Palace«. Auch er war nicht ganz freiwillig gekommen: Franz von Papen, Ex-Reichskanzler und Steigbügelhalter Adolf Hitlers, machte in Istanbul Zwischenstation auf dem Weg nach Ankara. Dort vertrat er das Nazi-Reich bis kurz vor Kriegsende als Botschafter.

Im ersten Stock liegt Zimmer 103, in dem einst die Filmgöttin Greta Garbo schlief. Jahre zuvor war Nummer 104 nebenan von der jungen Holländerin Margarete Gertrude Zelle belegt. Berühmt war die Tänzerin unter ihrem Künstlernamen – Mata Hari. Als vermeintliche Spionin in deutschen Diensten starb die junge Frau 1917 unter den Kugeln eines französischen Erschießungspelotons.

In der Ecke mit Blick auf die einstige amerikanische Botschaft liegt die einzige Suite, die man im »Pera Palace« nicht mieten, sondern nur besichtigen kann – und das auch nur mit ganz viel Glück. Hier auf Nummer 101 logierte der türkische Staatsgründer Mustafa Kemal Atatürk. Zwischen 1915 und 1937 war er insgesamt mehr als ein Dutzend Mal im »Pera Palace« zu Gast – als einfacher osmanischer Offizier, als republikanischer Kriegsheld, und schließlich als Vater der modernen Türkei.

Natürlich ranken sich auch im Hotel Legenden um den »Vater der Türken«. So soll er während Istanbuls schwärzester Tage nach der Niederlage im Ersten Weltkrieg, als die Stadt von den Alliierten besetzt war, im »Pera Palace« abgestiegen sein. Im Speisesaal wurde der britische Besatzergeneral Sir Charles Harrington auf den türkischen Offizier aufmerksam und lud den Kriegshelden zu einem Kaffee an seinen Tisch. Doch Mustafa Kemal lehnte ab: »Einladen können in unserem Land nur Gastgeber«, beschied er den erstaunten Briten. »Da Sie in Istanbul nur Gäste sind, wäre es mir eine Ehre, Sie auf einen Kaffee einladen zu dürfen.«

Das Hotelmanagement versichert, daß seit Atatürks letztem Besuch 1937 in seiner Suite nichts verändert wurde – außer daß Porträts des großen Führers aufgehängt und persönliche Gebrauchsgegenstände in Vitrinen ausgestellt wurden. In den altväterlich eingerichteten Räumen riecht es sogar ein bißchen so, als ob seitdem nicht einmal mehr gelüftet oder die Toilette gespült worden sei.

Der Dank des Hotels gilt vor allem Rıdvan Gürarı, der Atatürk über viele Jahre als Leibwächter zur Seite stand und der nichts wegwarf, was jemals von dem großen Mann berührt wurde. So kam eine hübsche Sammlung zustande, die er dem Hotel stiftete. Deshalb kann man heute von der Zahnbürste bis zum »Odol«-Zahnputzglas, vom Schlips bis zum Hosenträger, von der Brille bis zu den ägyptischen Zigaretten einen reichen Schatz republikanischer, kemalistischer Reliquien bestaunen.

Im Wohnraum der kleinen Suite befindet sich darüber hinaus ein bestickter Paravent, der wohl eines der bizarrsten Präsente in der Geschichte des Schenkens darstellt. Auf ihm sind eine Herde Elefanten abgebildet, sowie zehn leere Kerzenleuchter und eine Uhr, deren Zeiger auf 9.05 Uhr stehen. Atatürk hatte das merkwürdige Stück 1926 von indischen Verehren erhalten, die ihm den tieferen Sinn des ungewöhnlichen Dekors natürlich nicht vorenthielten: Elefanten stünden für den Monat November, die zehn Leuchter bestimmten die Zahl der Tage, und die Uhr spräche für sich selbst. Mit anderen Worten: Atatürk würde an einem 10. November um 9.05 Uhr sterben. Zwölf Jahre später erfüllte sich die Prophezeiung – auf die Minute genau.

Mythen umgeben auch andere Räume des »Pera Palace Hotels«. Das gilt vor allem für Zimmer 411, in dem die englische Kriminalschriftstellerin Agatha Christie abgestiegen war. Hier hatte sie ihren Roman »Mord im Orient-Express« geschrieben, und hier fand sich – buchstäblich –

der Schlüssel zum größten Geheimnis im Leben der Bestseller-Autorin. Im Jahr 1926 war die damals 35jährige elf Tage lang spurlos verschwunden. Niemand wußte, wo sie sich aufgehalten hatte, und so schossen die wildesten Gerüchte ins Kraut. Nach einer Version soll sie in dieser Zeit sogar selbst ein Verbrechen verübt haben, um sich gleichsam in einen Kapitalverbrecher hineinversetzen zu können.

Des Rätsels Lösung soll sich im Tagebuch der alten Dame befinden, doch dies ist dummerweise ebenfalls verschollen. Vor rund 20 Jahren kontaktierte ein Medium im Auftrag der US-Filmfirma »Warner Brothers« Agatha Christies Geist. Hollywood hatte einen Film über das Leben der Schriftstellerin geplant. Der Geist der Verstorbenen führte das Medium zu einem rostigen Schlüssel in ihrem einstigen Hotelzimmer in Istanbul – für nüchterne Skeptiker einzig und allein ein Hinweis darauf, daß dort nur schlampig saubergemacht wird, seitdem das Haus in den Besitz dreier wohltätiger Stiftungen übergegangen ist und mit dem Charme eines Intourist-Hotels verwaltet wird.

Ob der Schlüssel den Weg zum verschollenen Tagebuch gewiesen hätte, wird ein Rätsel bleiben – vielleicht für alle Zeiten. Hotelverwalter Hasan Süzer nämlich reklamierte ihn als Hoteleigentum für sich und wollte ihn nur für die stattliche Summe von zwei Millionen Dollar plus 15 Prozent am Einspielergebnis des geplanten Films herausgeben. Die Amerikaner lehnten ab und legten auch das Filmprojekt auf Eis. Seitdem liegt der Schlüssel nutzlos in einem Istanbuler Bankfach.

Aber vielleicht bringt er ja doch einmal so viel Geld, daß das »Pera Palas« – wie es heute türkisch geschrieben wird – aus seinem Dornröschenschlaf erwachen könnte. Denn auf dem Glanz von einst liegt weniger Patina als Staub. Angeblich ist das Hotel zwar meist zu fast 100 Prozent belegt; doch den größten Anteil stellen Reisegruppen, die einen Preisnachlaß bekommen. Nur wenige Nostalgiegäste jedenfalls dürften bereit sein, mehr als 300 Mark pro Nacht für ein Doppelzimmer auszugeben, das nur Drei-Sterne-Standard entspricht.

Prominenz kommt schon lange nicht mehr. In der vom Hotel geführten offiziellen Liste tauchen in jüngerer Vergangenheit noch die Namen des ehemaligen französischen Staatspräsidenten Valéry Giscard d'Estaing, der amerikanischen Präsidentenwitwe Jacqueline Kennedy-Onassis, und des spanischen Sängers Julio Iglesias auf. Ganz am Ende, auf dem – mutmaßlich – vorläufig letzten Platz steht Inge Meysel, gleichsam der kleinbürgerliche Schlußpunkt einer strahlenden Geschichte, die mit Sarah Bernard und Greta Garbo begann.

Atatürks Vermächtnis in Gefahr

Die Moschee auf dem Taksim-Platz

Man muß schon sehr genau hinsehen, um die Darstellungen oben an dem Denkmal erkennen zu können. Denn am Taksim-Platz herrscht starker Verkehr, und die Abgase haben die beiden Mädchenköpfe geschwärzt, die wie Medaillons rechts und links das Unabhängigkeitsdenkmal im Herzen Istanbuls zieren. Ein genauer Blick würde sich lohnen, denn die Symbolik von 1928, als der Italiener Canonica das Bauwerk im Auftrag der jungen türkischen Republik vollendete, ist heute aktueller denn je: Das eine Mädchen trägt ein Kopftuch, dem anderen fallen die langen Haare frei auf die Schulter.

Vorher, nachher. Hier die unterdrückte Frau im Islam, dort die befreite Frau in der Republik – junge Ideologien bevorzugen einfache Bilder und Botschaften, und der Kemalismus machte keine Ausnahme. Aber in diesen Tagen kann man das Denkmal auch anders, gleichsam arabisch von rechts nach links lesen. Dann verkehren sich die Vorzeichen und aus vorher wird nachher, der Schleier somit zur Zukunft von Mustafa Kemals Republik.

Gerade dies ist eines der erklärten Ziele des politischen Islam in der Türkei, der bislang noch allen Verboten und Sanktionen getrotzt hat. Deshalb ist es auch kein Zufall, daß immer wieder

der Taksim-Platz zum Schauplatz von Auseinandersetzungen mit dem säkularen Staat gewählt wird. Genau hier wollen Islamisten eine Moschee errichten, auf jenem Platz, der wie kein zweiter Ort Istanbuls die Ideale der weltlichen Republik Atatürks und das westliche Antlitz der Türkei repräsentiert – wobei man darüber streiten kann, wie attraktiv dieses Gesicht ist: mit bettelnden Kindern vor glitzernden Luxushotels, einem Busbahnhof, schäbigen Nachtclubs und schmuddeligen Spelunken.

Gleichwohl ist der Platz ein Symbol für die Republik. Schon die Jungtürken wollten hier einen Ruhmestempel für ihre Führer errichten. Das 1928 fertiggestellte Unabhängigkeitsdenkmal gilt bis zum heutigen Tag als eines der wichtigsten Monumente der türkischen Republik. Als sich Atatürks Kampfgefährte und Nachfolger Ismet Inönü ein Reiterstandbild auf dem Taksim setzen lassen wollte, rieten sogar seine engsten Freunde ab: Kein Personenkult auf diesem der Republik geweihten Platz. Sogar Atatürk ist auf dem Unabhängigkeitsdenkmal nur eine von vielen Skulpturen. Wenn nun Canonicas Denkmal im Schatten einer Moschee stünde, dann wäre dies ein psychologischer Sieg für die Islamisten.

In der Öffentlichkeit streiten die Fundamentalisten dies natürlich ab. Angeblich wollen sie mit dem islamischen Versammlungshaus lediglich »die Menschen davor retten, auf dem Bürgersteig beten zu müssen«. Nach Überzeugung des früheren islamistischen Kulturministers Ismail Kahraman gibt es im Bezirk Beyoğlu mit 95 Gebetshäusern noch immer zu wenig Moscheen. Wenn es nach seinem Willen und dem vieler seiner Parteifreunde geht, dann würde alles ganz schnell gehen: Die Post, Turkish Airlines, McDonalds und Pizza Hut – die heute noch das Areal zieren – sollen weichen, damit endlich das Banner des Propheten zwischen Atatürks Kulturzentrum auf der einen und dem französischem Centre Culturel auf der anderen Seite des Platzes aufgepflanzt werden kann.

Doch in Wirklichkeit geht es gar nicht um einen Gebetsplatz für ein paar Hundert oder Tausend Menschen. Es geht auch nicht so sehr um eine lukrative Immobilie im Zentrum einer Weltstadt, mit der die frommen Muslime nach Berechnungen einer Istanbuler Tageszeitung spielend bis zu 70 Millionen Mark im Jahr verdienen könnten – dank Tiefgarage und Einkaufszentrum, wie sie bei einem modernen Sakralbau in der Türkei mittlerweile überall obligatorisch geworden sind.

In Wirklichkeit findet auf dem Taksim-Platz ein Kulturkampf statt; in Wirklichkeit soll hier entschieden werden, ob die Türkei Verbindungen zu Europa kappt, die älter sind als die osmanische Herrschaft über diese Stadt. In Wirklichkeit planen die Islamisten die zweite Eroberung Konstantinopels.

Sie würden es zwar nicht zugeben, aber die Radikaleren unter den Fundamentalisten sind überzeugt davon, daß der von ihnen verehrte Erobererssultan Mehmet Fatih seinerzeit im Mai 1453 einen folgenschweren Fehler beging, als er den fremden Ungläubigen ihr Bleiberecht in der

Neustadt, jenseits des Goldenen Horns verbriefte. Hier lebten sie schon seit dem Jahr 1261, als Kaiser Michail VIII. Palaiologos den Genuesen das Recht zur Einrichtung einer halbautonomen Handelskolonie erteilte. Für Byzanz war dies eine Verbesserung, denn zuvor hatten die Lateiner vorübergehend das ganze Byzantinische Reich beherrscht.

Pera nannten die Griechen jenen, nun den Lateinern zugewiesenen Stadtteil, und damit war schon alles ausgedrückt. Denn *pera* bedeutet auf griechisch »gegenüber«. Die Fremden lebten »gegenüber« der Kaiserstadt, und an dieser Aufteilung änderte sich auch nichts, als statt des Basileus der Sultan in Konstantinopel herrschte. Die Beherrscher des Reiches lebten *intra muros*, und noch heute sagen die Istanbulis *suriçi* – innerhalb der Mauern –, wenn sie von der Gegend um Aya Sofya und Blauer Moschee, Süleymaniye und Topkapı-Palast sprechen. Europa lag immer »gegenüber«.

Noch bis ins 20. Jahrhundert war Pera eine westlich geprägte Stadt, in der Französisch und Griechisch, aber kaum Türkisch gesprochen wurde. Hier waren die Europäer unter sich, hier lagen die Botschaften und Bordelle, die Kirchen neben den Kneipen, hier gab es elektrischen Strom, »water closets« und andere Segnungen der modernen Technik lange bevor man im osmanischen Teil Konstantinopels von ihnen hörte. Die großen europäischen Mächte, das Russische Reich, Österreich-Ungarn, das britische Empire oder das deutsche Kaiserreich, unterhielten hier palastartige Gesandtschaften, die zu eigenständigen Machtzentralen wurden. Die osmanische Bürokratie hatte hier ebensowenig zu melden wie vor ihr die Beamten Byzanz', als die Genuesen unter ihrem *podestà* und die Venezianer unter dem *bailo* Pera eigenständig verwalteten.

Rückgrat dieses Viertels war die Grand Rue de Pera, über die ein übelwollender Beobachter zur Jahrhundertwende meinte, sie sei »so eng wie der Horizont ihrer Bewohner und so lang wie der Bandwurm ihrer Intrigen«. An ihr lagen die Botschaften und Hotels, die Luxusgeschäfte und Restaurants – aber keine Moscheen. Wozu auch, hier lebten keine Muslime, sogar das Personal kam großteils von den griechischen Inseln in der Ägäis.

Das ist heute anders. Die Griechen, Armenier und Juden haben das Viertel ebenso verlassen wie sie mittlerweile auch Istanbul und der Türkei den Rücken gekehrt haben. Die prachtvollen Botschaften sanken zu Konsulaten herab, als Ankara Hauptstadt wurde. Pera und seine Grand Rue tragen türkische Namen: Das Quartier heißt Beyoğlu, die Straße ist nach der Unabhängigkeit, Istiklal, benannt.

Als vor Jahren die Islamisten den Stadtrat von Beyoğlu eroberten und den Bürgermeister stellten, schien das Ende gekommen zu sein. Aber das alte Pera erwies sich als stärker. Noch immer ist die Atmosphäre hier freier als in anderen Teilen der alten Stadt. Noch immer gibt es die Bipolarität zweier Städte in den Grenzen einer Metropole, jene Spannung zwischen Orient und Okzident, aus der Istanbul, der Schnittpunkt zweier Welten, stets seine Kraft geschöpft hat. Diese Quelle würde versiegen, wenn sich die radikalen Islamisten durchsetzten. Es geht nicht um irgendeine Moschee. Es geht um die Seele einer der größten Städte der Menschheitsgeschichte.

Ein Mann, eine Show, ein Imperium

Der Großunternehmer Ibrahim Tatlıses

Alles an diesem Mann ist irgendwie süß: Augen, Bäuchlein und Schnauzbart, seine zuckrigen Lieder und sogar der Nachname: Aus dem Proletenkind Ibrahim Tatli (»süß«) wurde der Sänger und Großunternehmer Ibrahim Tatlıses – Ibrahim mit der süßen Stimme. Doch wer so süß ist, den nennt man sowieso nicht sperrig Ibrahim, sondern kurz Ibo. Dieser Ibo scheint geradewegs einem anatolischen Bilderbogen entstiegen zu sein: nett, freundlich, bescheiden und immer ein klein wenig melancholisch – ein Türke zum Knuddeln.

Dabei ist Ibo gar kein Türke, sondern ein Kurde aus dem südostanatolischen Urfa; aber das stört keinen Menschen am Bosporus oder in Anatolien. Im Gegenteil: Denn Ibo ist brav, angepaßt, unpolitisch und ebenso irrwitzig erfolgreich wie wohlhabend. Er singt kurdische Lieder, aber er singt sie auf türkisch. Kurdisch ist nur sein Akzent, den er als Markenzeichen für das türkische Publikum pflegt. Ibo – das ist das fleischgewordene Gegenstück zu Apo, dem finsteren kurdischen Rebellenhäuptling Abdullah Öçalan.

Apo und Ibo – jeder für sich haben sie beide in den achtziger Jahren Karriere gemacht. Der eine als Staatsfeind Nummer eins, der andere als Schnulzensänger der Nation. Identifikationsfiguren sind sie auf diesem Weg geworden, Vorbilder für die Menschen in den *gecekondus,* den Armenvierteln der türkischen Metropolen. Doch derweil Apo den jungen Männern vorgemacht hat, wie man's dem verhaßten türkischen Staat zeigt, ist Ibo der Schwarm des kurdischen und türkischen Kleinbürgertums geworden. So stellt man sich den idealen Schwiegersohn vor, so gut sollte einmal auch der eigene Sohn geraten – *Inşallah.*

Denn Ibrahim Tatlıses ist einer von ihnen. Aber er ist eben auch einer, der den Aufstieg geschafft hat vom verachteten kurdischen Bauarbeiter zum umjubelten Medienstar und millionenschweren Erfolgsunternehmer. Er hat bewiesen, daß der Traum der Saisonarbeiter, Maurer oder kleinen Angestellten wahr werden kann; und er hat demonstriert, daß ein Kurde in der Türkei auch dann hochgeachtet und angesehen sein kann, wenn er nicht einer der feudalen Großgrundbesitzerfamilien entstammt.

Tatlıses ein Multi-Talent zu nennen, wäre eine Untertreibung: Er ist Sänger und Schauspieler, er produziert seine Shows und er führt Regie in seinen Filmen. Für seine jüngste Fernsehserie *Fırat* schrieb er auch gleich das Drehbuch – mit Erfolg: Das Rührstück in Folgen erwies sich als echter Straßenfeger. Mit Tränen in den Augen verfolgten Millionen von Türken die immer wieder in Zeitlupe gezeigte Szene, wie Ibo hinunterstürzt zum Ufer des Euphrat, um seine Frau zu retten, die dann doch in den Fluten des Flusses ertrinkt.

Es ist typisch für den Star, daß er alles gern selbst macht, weil dann das Geld in der Familie bleibt. Und Geld war Ibo schon immer wichtig: Im Lauf der Jahre hat sich Tatlıses, der Junge aus ärmsten Verhältnissen, einen vielschichtigen Mischkonzern zugelegt. Einmal in der Woche strahlt der Privatsender *atv* einen zweistündigen Werbespot für diese »Tatlıses Holding« aus – die »Ibo-Show«. Vordergründig handelt es sich zwar um eine Talkshow, in der Tatlıses mit anderen Sängern, Schauspielern und Show-Größen über Gott und die Welt plaudert. In Wirklichkeit ist die Sendung nur der Rahmen für die Reklame, die der Gastgeber für seine Produkte macht.

Deshalb wirkt die Show wie eine neuartige Version von Johann Peter Hebels Kalendergeschichte »Kannitverstan«: Wem gehören denn diese schönen Reisebusse? Ibrahim Tatlıses. Wo tanken denn all diese Autos? Bei Ibrahim Tatlıses. Wo übernachten denn all diese Leute? In Ibrahim Tatlıses' Hotel. Welcher Sender spielt denn Ibos Lieder? Tatlıses-Radio. Wo kann ich denn Hunger und Durst stillen? in Tatlıses' Fastfood-Kette, wo es *Lahmacun* und *Ayran* gibt: eine Art dünne Pizza und ein säuerliches Joghurtgetränk.

Mit diesen belegten Teigfladen ist Ibo mittlerweile gelungen, was nur wenige Unternehmen weltweit geschafft haben: Der Firmenname wird zum Synonym für das Produkt. Wenn in Deutschland »Tempo« gleich Papiertaschentuch, und in Amerika »Hoover« gleich Staubsauger ist, dann denken Türken bei *Lahmacun* an Ibrahim Tatlıses und umgekehrt. Der Unternehmer Tatlıses ist auch hier sein bester Werbetexter: Wenn er scherzhaft Wetten abschließt, dann nur um eine bestimmte Anzahl *Lahmacun*.

Wer so viel Erfolg hat, der hat auch viele Neider und Feinde. Letztere versucht der 46jährige Medienstar mit einer Heerschar von Leibwächtern auf Distanz zu halten. Im Studio des Istanbuler Senders *mtv* beispielsweise, in dem die »Ibo-Show« produziert wird, laufen und sitzen weitaus mehr uniformierte Sicherheitsleute herum als Kameramänner oder Tontechniker. Vielleicht hat Ibo Grund zur Furcht. Schließlich stammt er aus dem heißblütigen Südosten, wo die kurdischen Clans noch immer Blutrache praktizieren. Einmal, vor vielen Jahren, soll Tatlıses »in so ein Ding« verwickelt gewesen sein, das er angeblich nur mit einem hohen Blutgeld und einem üppigen Versöhnungsgelage aus der Welt schaffen konnte.

Hinzu kommt, daß Tatlıses offenbar einen unverfälscht ruppigen Geschäftsstil pflegt. Frühere Businesspartner erzählen – selbstverständlich unter dem Siegel der Anonymität – haarsträubende Geschichten. Wie etwa jene, als die Firma Tatlıses ein Grundstück für eine neue Tankstelle kaufen wollte. Als der Besitzer sich weigerte, sollen ihm ein paar schnauzbärtige Kompagnons des Sängers mit vorgehaltener Pistole auf die Sprünge geholfen haben.

Doch seiner Popularität hat dies alles nie geschadet. Vor allem die einfachen Menschen rechnen es ihrem Ibo hoch an, daß er trotz

Wohlstand und Erfolg seine Herkunft nicht verleugnet: Ein Junge aus einer neunköpfigen Familie, der schon als Kind bei einem Schlosser rackern mußte. Tatlıses mag zwar mit dem Gedanken spielen, sich ein zweites Flugzeug und in New York eine Wohnung zu kaufen – Starallüren hat er keine. Wenn er sich mit Luciano Pavarotti vergleicht, dann wahrscheinlich deshalb, weil er den Kollegen von der klassischen Zunft überhaupt noch nie gehört hat. Hauptsache, es gefällt den Fans. Die tauften Ibo prompt *Iborotti.*

Sein Erfolgsgeheimnis ist, daß er in seinen Filmen und Shows meist den einfachen, ungebildeten Menschen aus dem Osten gibt, der er wahrscheinlich auch geblieben ist. Die Menschen aus der Unterschicht können sich mit ihm identifizieren, und die neureiche Schickeria amüsiert sich köstlich über Ibos tolpatschige Art und seinen breiten kurdischen Akzent. In Tatlıses bündeln sich alle Eigenschaften der Menschen aus dem Südosten, der Kurden wie der Türken: Großherzigkeit und Jähzorn, Gefühlsstärke und Gewalt.

Gottlob ist Tatlıses – anders als viele seiner kurdischen Landsleute – wenigstens unpolitisch: Daß in seiner Heimat ein Krieg mit kurdischen Separatisten stattfindet, scheint er jedenfalls noch nicht gehört zu haben. Noch nie im Verlauf seiner 20jährigen Karriere hat er auch nur eine Silbe darüber verloren. Noch nicht einmal das Wort Kurde nimmt er in den Mund. Alle Menschen in der Türkei sind für ihn »Geschwister«, die alle Ibos Lieder hören, Ibos Filme sehen und Ibos *Lahmacun* essen. Eine richtig süße Familie eben.

Der dernier cri vom Bosporus

Islamische Mode

Die Männer kauern rund um den Tisch wie um ein Lagerfeuer. Selten fällt ein Wort. In ihren klobigen Händen halten sie vorsichtig zierliche Gläser, aus denen sie ihren Tee schlürfen. Zu sechst sind sie, und in Bayern würde man sie wohl Mannsbilder nennen: Groß, kräftig, muskulös und mit rabenschwarzen Vollbärten in den ernsten Gesichtern. Zwischen all den Röcken, Kostümen und Damenmänteln ringsherum wirken die traurigen Riesen jedenfalls ein wenig fehl am Platz.

Die sechs scheinen sich selbst reichlich unwohl zu fühlen in der femininen Umgebung. Auch die Verkäuferinnen in ihren geblümten Kopftüchern weichen respektvoll an die Kleiderständer zurück, die sich an den Wänden entlangziehen. Und als Cafer Karaduman ein kariertes Hauskleid vom Bügel nimmt und es mit einem Ruck vor den Betrachtern ausbreitet, da tut er dies so ungelenk wie jemand, der diese Bewegung irgendwann einmal im Fernsehen gesehen hat und sich geniert, sie zu wiederholen.

Und doch gehören sowohl Cafer als auch die anderen Bärtigen sehr wohl hierher in dieses Modehaus im Istanbuler Textildistrikt Merter. Denn die Brüder Karaduman sind Gründer, Besitzer und Direktoren von *Tekbir Giyim*, einer der weltgrößten Hersteller islamischer Damenmode. Auf sieben Etagen wird hier entworfen, zugeschnitten, genäht, gebügelt und verkauft, was die muslimische Frau von Welt in dieser Saison trägt. In diesem Sommer sind es Karos und Pastellfarben, im kommenden Herbst dürfte Denim, also Jeans-Stoff, groß herauskommen.

»Wir haben unsere Maße vom Islam bekommen«, sagt Mustafa Karaduman, der Seniorchef, und ist sich der Doppeldeutigkeit seiner Worte offensichtlich gar nicht bewußt. »Weil wir aus einer religiösen Familie stammen, wollen wir, daß unser Glaube und unsere Arbeit so weit wie möglich übereinstimmen.« Soweit die Geschäftsphilosophie. Für den Markt ist Cafer zuständig: »Außerdem«, fügt er hinzu, »gab es in dieser Branche eine Marktlücke, als wir die Firma 1982 gründeten.«

Es muß wohl eine große Lücke gewesen sein, denn die Karadumans gebieten heute über ein Mode-Imperium, das von Bradford bis Bahrain, und von Itzehoe bis Islamabad reicht. Insgesamt 550 Angestellte beschäftigen sie, allein in Deutschland hat *Tekbir* 35 Läden, dazu kommen Geschäfte in Großbritannien, Frankreich, den Benelux-Staaten, Italien, den USA, Jordanien und im Libanon. Erst vor kurzem wurde im saudischen Dschidda ein Exportzentrum eröffnet, von dem aus der lukrative arabische Markt erobert werden soll. Eine Exportoffensive in den Iran hat man fürs erste verschoben.

»Weltmarke des Tesettür« nennt sich die Firma ohne falsche Bescheidenheit, nach dem arabischen Wort für »verschleiern«. Schleier und Kopftücher fertigt man bei *Tekbir* allerdings nicht, sondern züchtig geschnittene Kleidungsstücke, die Arme und Beine bedecken und die weiblichen Formen, wenn überhaupt, nur zart andeuten. Über Mangel an Kundschaft können sich die Brüder nicht beklagen. Die Tochter des türkischen Ministerpräsidenten Necmettin Erbakan ist ein regelmäßiger Gast bei ihren Modenschauen, und auch Frau und Tochter des bosnischen Präsidenten Alija Izetbegovic beziehen ihre Garderobe von »Tekbir«. Seit neuestem können sie sich den Flug an den Bosporus sparen: In Sarajewo ist eine eigene »Tekbir«-Boutique eröffnet worden.

Der Markt für islamische Damenbekleidung boomt – in Europa wie in der islamischen Welt. In England hat der Übertritt des Popsängers Cat Stevens zum Islam die Nachfrage angeheizt, in Deutschland entscheiden sich immer mehr Türkinnen für traditionelle Kleidung, und in Arabien sehen viele Frauen in den hochgeschlossenen Modellen aus der Türkei gar eine Befreiung von der *abaya,* dem wallenden schwarzen Ganzkörper-Umhang. »Die wollen auch auf der Straße schick aussehen, und nicht nur zu Hause«, erklärt Cafer Karaduman das Interesse und hängt vorsichtig eine zweiteilige Komposition aus Samt und Brokatstickereien zurück auf die Stange.

»Wir können gar nicht so schnell produzieren, wie man uns die Sachen aus den Händen reißt«, versichert der Vizechef von *Tekbir.* Genaue Zahlen über Umsatz und Gewinn will er – wohl im Hinblick auf das türkische Finanzamt – nicht nennen.

»Aber ich kann Ihnen sagen, daß wir unseren Umsatz im vergangenen Jahr um hundert Prozent gesteigert haben.« Auf dem türkischen Markt habe dazu sicherlich auch die »gute Arbeit« der islamistischen Regierung beigetragen. »Wir können zufrieden sein, *el-hamdüllilah*, Gott sei Dank.«

Der Aufstieg der Karadumans von Flickschneidern zu Couturiers des Propheten verlief atemberaubend schnell und erinnert mehr an amerikanische als an europäische Erfolgsstories. Zehn Geschwister waren sie daheim im Dorf in der anatolischen Provinz Malatya, neun Brüder und eine Schwester. Irgendjemand hat das Dorf einmal photographiert, und die Brüder haben eine Vergrößerung des verwackelten Schnappschusses in ihrer Konzernzentrale in Istanbul aufgehängt. Er zeigt einen jener unzähligen armseligen kleinen Weiler, die an einem kargen Berghang kleben, wo nicht einmal Schafe und Ziegen satt werden.

Als Dorfgeistlicher war ihr Vater für das Seelenheil der Bauern verantwortlich. Schon der Großvater war islamischer Gelehrter gewesen. Reich wurde die Familie davon nicht. »Jeweils drei von uns mußten sich eine Hose teilen«, erinnert sich Mustafa. »Wer gerade nicht dran war, trug einen Kittel.« Nur für den Ältesten reichte das Geld zu einer besseren Ausbildung, er wurde Staatsbeamter, dessen karges Gehalt heute von den Brüdern aufgebessert wird. Die restlichen acht Söhne wurden jeweils gleich nach Abschluß der Grundschule nach Istanbul geschickt. Ein Esser weniger, und außerdem lernten sie in der fernen Metropole am Bosporus einen Beruf. Der Zufall entschied, daß es das Schneiderhandwerk sein sollte.

Irgendwann hatten sich die acht Brüder genug Geld für zwei Nähmaschinen zusammengespart, und Ende der siebziger Jahre eröffneten sie ein kleines Schneideratelier. Nur ein paar Jahre später gründeten sie ihre Firma, deren Name Programm war: Mit dem Wort *tekbir* – »der Einzige« – beginnen gläubige türkische Muslime ihr Gebet. »Jahrelang haben uns die Massenmedien als reaktionär beschimpft«, erinnert sich Mustafa, der 40jährige Firmenchef. »Aber seit ein paar Jahren nennen sie uns endlich Modehaus.«

Auf diese Bezeichnung legen die Brüder Karaduman großen Wert. »Was Claudia Schiffer vorführt, ist auch unser Maßstab«, betont Cafer, der jedes Jahr seine Spione zur Vorstellung der jeweiligen Sommer-, Herbst-, und Winterkollektionen nach Mailand, Düsseldorf oder Paris schickt. »Wir lassen uns von europäischen Modehäusern inspirieren, und wir übernehmen alles, was wir irgendwie verwenden können.« So trägt die islamische Frau stets dieselben Modefarben wie ihre weltliche Geschlechtsgenossin – »nur nicht so kräftig im Ton, sondern ein bißchen zarter«.

Im Modezentrum Istanbul-Merter teilt man daher die Sorgen der Lagerfelds, Chanels oder Diors: »Die Trends wechseln so schnell, es ist schwer Schritt zu halten«, seufzt Nurcan. Sie hat die Istanbuler Hochschule für Mode absolviert und entwirft nun für *Tekbir* Abendgarderoben und Straßenkleider. Weil nicht nur teure Haute

Couture, sondern auch preiswerte Konfektion produziert wird, liegen Kataloge der deutschen Versandhäuser *Schöpflin* und *Baader* an ihrem Arbeitsplatz – »zur Inspiration«.

Außerdem müssen die islamischen Modemacher den unterschiedlichen Geschmack ihrer internationalen Klientel berücksichtigen: »Europäische Muslimas haben es gerne ein bißchen kürzer, bei den Araberinnen muß der ganze Fuß unter dem Rocksaum verschwinden, und in Pakistan und Indien bevorzugt man Hosen und lange Jacketts«, seufzt Cafer Karaduman, als ob diese quecksilbrige Koketterie der Damenwelt ihm den Schlaf rauben würde. »In Saudiarabien aber haben wir seit unserer ersten Modenschau voll eingeschlagen. Dort hat man früher in Frankreich einfach lange Röcke bestellt – aber ein langer Rock ist noch lange kein islamischer Rock.« Bei Versace oder Ferré wird man wohl dazulernen müssen.

Unter den acht Direktoren ist Mustafa, der älteste, offensichtlich für den ideologischen Überbau des Unternehmens zuständig. Er selbst bevorzugt islamische Herrenmode nach der Fasson der iranischen Muslim-Revolutionäre: Hochgeschlossenes Hemd mit Stehkragen, keine Krawatte. »Wir haben eine Mission«, sagt er, und wird dabei noch ernster. »Wir wollen Tesettür-Mode in der ganzen Welt verbreiten.«

Dieser Wunsch deckt sich sicherlich mit den Absichten Cafers, der allerdings wahrscheinlich eher an die Auftragsbücher von *Tekbir* denkt. Freilich braucht niemand zu befürchten, daß Europas

Prêt-à-porter von *C&A* bis *Chanel* künftig von iranischen oder gar afghanischen Vorbildern beeinflußt sein wird. Eher das Gegenteil ist der Fall. *Tekbir* hat zunächst die streng islamischen Länder ins Visier genommen. »Im Iran gibt es doch keine Mode«, schnaubt Cafer Karaduman verächtlich. »Die schneiden einfach ein Stück schwarzen Tuchs zurecht und hängen es über die Frauen – das kann doch jeder.«

In schwarzes Tuch ist auch Hatice gehüllt. Kopftuch, Überwurf, Rock, Handschuhe – alles ist schwarz, und nur die Augenpartie bleibt frei. Sie ist die einzige Mitarbeiterin von *Tekbir,* die diese strikte Form der Verschleierung gewählt hat. Gerade legt sie letzte Hand an eine Zeichnung. Es ist eine Abendrobe, mit einem ziemlich kessen, engen Rock und einem klitzekleinen, kreisrunden Decolleté. Hatice legt den Kopf schräg, prüft und schraffiert mit schnellen Strichen das Oberteil. Sie ist zufrieden. Würde sie dieses Kleid auch selber anziehen? Hatice gluckst, und das Lachen wird vom Schleier fast verschluckt. »Komische Frage, natürlich. Aber nur in Gesellschaft von Frauen.«

Nachsatz

Bis auf »Dschingis Khan, Attila und Atatürk«, »Kleine Geschenke erhalten die Leser« und »Wenn es Nacht wird in Istanbul«, sind alle in diesem Band versammelten Texte erstmals in der *Süddeutschen Zeitung* erschienen.

Lesend reisen mit den Picus Lesereisen

Gerd Kröncke
Adel verpflichtet zu gar nichts
Londoner Audienzen

Es gibt viele Arten, sich den unbekannten Gesichtern einer Stadt zu nähern. Der Selbstversuch, 24 Stunden ohne Geld, Ausweise und Uhr London zu durchwandern, zeigt die Stadt jedenfalls von einer Seite, die kaum ein Tourist freiwillig kennenlernen wird. Gerd Kröncke, Korrespondent der »Süddeutschen Zeitung« in London, stöbert in seinen Streifzügen durch London die unterschiedlichsten Facetten des Alltags und der Kultur der Metropole des United Kingdoms auf. An den Geheimnissen des unerklärbaren Nationalsports Cricket läßt er den Leser ebenso teilhaben wie an dem letztlich doch bescheidenen Privileg, von der Queen zur Garden Party eingeladen zu werden. Neben Einblicken in die Londoner Lebensart wandelt Kröncke auch auf den Spuren von Charles Dickens oder Sherlock Holmes.

»London-Maniacs aller Herren Länder vereinigt euch – und lest dieses Buch! Gerd Kröncke zeichnet mit flockigen Reportagen und feinfühligen Feuilletons ein faszinierendes Bild der Weltmetropole. Kröncke liebt diese Stadt, das spürt man in jeder Zeile.« KLEINE ZEITUNG

132 Seiten, Leinen mit Schutzumschlag
ISBN 3-85452-704-7

Picus Verlag Wien

Lesend reisen mit den Picus Lesereisen

Klaus Brill
Die Köchin, die Pornodiva und der Papst
Römische Begegnungen

Klaus Brill, Korrespondent der »Süddeutschen Zeitung« in Rom, entwirft in seinen pointierten, liebevoll recherchierten *Römischen Begegnungen* ein vielschichtiges und vielgesichtiges Bild der ewigen Stadt, das selbst langjährigen Romliebhabern neue Aspekte erschließt. Er erzählt vom Alltag des Papstes ebenso wie von den alles dominierenden Mopedfahrern im römischen Straßenverkehr, von den Kochkünsten einer typischen Wirtsfamilie und der sonderbaren Medienpräsenz einer Pornodiva.
In seinem kleinen Rundgang durch die italienische Hauptstadt zeigt Brill Zusammenhänge zwischen mediterraner Lebensfreude, Korruption, Sensationslust, Religion, Medien und Gesellschaft auf.

»Das wollten wir schon immer mal wissen: Wo kommen die Münzen aus der Fontana di Trevi hin? … ja lesen Sie es doch selber nach, in Klaus Brills kauzigem, liebevoll recherchiertem Buch ›Die Köchin, die Pornodiva und der Papst‹.«

BUCHJOURNAL

132 Seiten, Leinen mit Schutzumschlag
ISBN 3-85452-700-4

Picus Verlag Wien

Lesend reisen mit den Picus Lesereisen

Susanne Friedmann
Ein Kuß für David
Florentiner Flirts

Auf das »Ritual des kleinen Flirts, das von diesem netten Interesse, das Italiener grundsätzlich fremden Menschen entgegenbringen, getragen ist«, läßt sich die Kunsthistorikerin und Journalistin Susanne Friedmann ein und entwirft so ein facettenreiches, amüsantes und inspirierendes Mosaik der Hauptstadt der Toskana.
Sie verrät, wie man stilecht einen florentinischen Sommer verbringt, nämlich hinter geschlossenen Fensterläden, aber auch, was Florenz im Winter zu bieten hat, neben dem Genuß der *ribollita,* einer Mischung aus Minestrone, Weißbrot und *olio nuovo,* vor allem die Januarsonne, die den Himmel über der Renaissance-Stadt blauer macht als irgendwo sonst. Die *Florentiner Flirts* vermitteln witzig und pointiert einen sinnlichen Eindruck des Lebensgefühls der Stadt am Arno und ihrer Bewohner zwischen architektonischer Schönheit, Dekadenz und der permanenten Bereitschaft zum kleinen Flirt.

132 Seiten, Leinen mit Schutzumschlag
ISBN 3-85452-705-5

Picus Verlag Wien